裁判とことばのチカラ

ことばでめぐる裁判員裁判

堀田秀吾 著

ひつじ書房

はじめに

本書は、一言で言えば、「ことば」と言う切り口から裁判を見ていくものである。特に一九九九年に端を発する歴史的司法制度改革の目玉として打ち出された、国民が司法に直接的に参加する裁判員制度をにらみながら、近年注目を集めている裁判という文脈におけることばのチカラやことばの不思議、そしてことばを通して見える裁判の世界をみていくものである。対象とする読者は、裁判員制度に関心がある人、ことばのチカラや問題に関心がある人、言語学に関心のある人、法学に関心のある人、心理学に関心がある人、法社会学に関心のある人などである。多少難しい話も時折出てくるが、全体としては特に専門家を意識したものではないので安心して読んでいただきたい。

法とことばは切っても切り離せない関係にある。例えば、契約書や法的効力を持ったやりとりのほとんどが「ことば」を介して行われる。また、とある事件が起こったとする。その際には、現場の聞き取り調査、目撃者とのやりとり、容疑者の取調、調書の作成等が行われるわけだが、これらは全て「ことば」を使って行われる。そして、裁判で用いられる書面は「ことば」によって書かれているし、冒頭手続、証拠調べ、証人の証言、論告求刑、弁論、評議、判決宣告等、裁判過程のほぼすべてが「ことば」を使って行われる。そもそもそういった裁判を含めた法のシステムすべてが法律によって定められたものであり、その法律の条文はことばによって書かれている。現代社会において、法はことばなしには存在し得ないし、機能しようがないのである。

一般市民にとっては裁判というとなんとなく縁遠い感じもするが、裁判員裁判においては一般市民が一定の刑事事件の裁判に参加し、裁判官と一緒に判断を下すことになっている。一般市民の方々も、裁判官、検察官、弁護士といった普段の生活では全く接する機会もないような法律のプロと(タテマエとしては)対等に議論したり、話をしたりしていくことになるわけである。そして、こういった裁判員裁判を通して、私たち市民が法というものを身近に感じられるようになってもらうことも、この制度が導入された理由の1つなのである。

しかし、世間の人々の抵抗はまだまだ大きいようだ。世論調査によると、調査回答者のうち70%が、裁判員として裁判に参加することを望んでいないということだった。やはり事なかれ主義の日本人としては、面倒に巻き込まれるのは御免だという感じなのかなと思いきや、訴訟大国アメリカでも状況はそう変わらないらしい。アメリカでは一般市民が判断を下す側として裁判に参加する制度として陪審員制というものが採用されているが、あちらでも市民の大半はやはりできることなら陪審員には選ばれたくないと思っているらしい。陪審裁判では、裁判所の中に陪審員候補者の待合室のような場所があり、そこにランダムに選ばれた市民たちを一旦集めて待機させ、その中からさらに実際の裁判に参加してもらう陪審員を選ぶわけだが、陪審員に選ばれなかった市民たちは、両手を挙げて大変喜んで帰っていくのだということを、とある大阪で行われた裁判員制度に関するシンポジウムで著名な陪審裁判研究者が話しているのを聞いた。やはり面倒なことに関わりたくないというのは、どこの国も同じようである。

どんな心理あるいは真理があるにせよ、本書は、ここのところ日本国民の間でも関心が高まってきている裁判という場におけるさまざまなことばの問題に焦点をあて、裁判にはどのようなことばの問題が潜在していて、それがときにどのような形で裁判や判決に影響を及ぼしているかを言語学という立場から考えていくのが狙いである。

本書の構成としては、第一章では、特に裁判員裁判に限った話ではなく、裁判という場におけることばの持つ潜在的なチカラに関して、英米の研究を中心に興味深い現象を紹介していく。第二章では、裁判員裁判において裁判官と裁判員が直接に判決を議論する「評議」という場面における両者のコミュニケーションに関して、裁判所・検察庁・弁護士会合同で開催されている全国各地の模擬裁判員裁判の分析を通して、筆者とその共同研究者が行ってきた研究を中心に、「評議」という場がいったいどなっているのか(評議は、裁判員制度開始後は裁判官とその事件で裁判員になった者しか内情を知りえないし、守秘義務という法律上の制約によって他人にも話してはいけないことになっているので関係者以外は中身を知ることができない！）を、やはりことばという側面から考察していく。そして第三章で、本書のところどころで話が出てくる「言語学」という分野、そして法と言語の問題を専門的に扱う「法言語学」という一般の方々には馴染みのない分野がどういったことを扱う分野なのかを、多少でも関心・疑問を持ってくれた読者のために、言語学の証拠分析への応用例を英米と日本での実例を交えて簡単に紹介したいと思う。

筆者は、法言語学という分野を研究している学者である。法言語学とは、法律に関係するコンテキストで使われている「ことば」を分析する分野で、言語学と法学を中心としつつ、心理学、社会学など様々な人文・社会科学の分野をまたがる学際的な学術分野である。また、ありがたいことに、ここ数年、日本弁護士連合会の裁判員裁判実施本部で外部学識委員として裁判員裁判における裁判官と裁判員のコミュニケーションについての研究をさせていただいた。筆者は、一応、法学でも大学院を出ているものの、本書の中では法律学をよく知っている読者からしたら、的外れに思えるところも少なからずあるかと思う。そこら辺は、とりあえず言語学が本業ということで、ご容赦いただければありがたい。

目次

序章　裁判員裁判の概要

本書は裁判員制度に関する話が随所で出てくるので、念のために裁判員裁判とは何かということをごく簡単に説明しておく。裁判員裁判についてある程度ご存知の方は、本章は飛ばして次章から読み始めていただいて構わない。

裁判員制度とは、国民が裁判に参加することによって、国民の視点や感覚が裁判の内容に反映されること、そして結果として国民の司法に対する理解と信頼が深まることを期待して作られた制度である。二〇〇九年五月二一日がその開始日である。こういった裁判を通して国民が司法に直接的に関わっていく制度は、多くの先進国で導入されている。

裁判員裁判における、裁判員の仕事は大きく分けて３つある。

①公判に出席して裁判官とともに検察官・弁護人・被告人・証人などの話を聞いて法廷で証拠を調べる

②裁判官と共に議論し（評議）有罪・無罪、そして刑の重さを決める（評決）
③評決内容を法廷で宣告する。宣告自体は裁判長が行う。

つまり、裁判官と一緒に法廷に出て取調を行って（＝①）、評議室という部屋で裁判官と議論して判決を決めて（＝②）、それを裁判官と一緒に法廷に戻って、裁判長に判決を宣告してもらう（＝③）という流れの仕事である。

裁判員が参加するのは、犯罪を犯した者に国家が罪を問う「刑事事件」の裁判であり、警察が関わってこない市民間の争いや消費者、医療、福祉、教育などの問題を扱う民事事件や行政事件の裁判には参加しない。また、すべての刑事事件の裁判で裁判員が登場するわけではない。裁判員裁判の対象事件は、以下の事件に限られる。

a．死刑又は無期懲役・無期禁固に当たる罪にかかわる事件
b．法定合議事件のうち故意の犯罪行為により被害者を死亡させた罪にかかわる事件

bの法廷合議事件とは、法律で定められた刑が短期1年以上の刑で、裁判官3人で合議するべきとされている事件のことを言う。これだけでは、少々難しいので、とりあえず具体例を見てみよう。

・人を殺した場合（殺人）
・強盗が，人にけがをさせ，あるいは，死亡させてしまった場合（強盗致死傷）
・人にけがをさせ，死亡させてしまった場合（傷害致死）
・泥酔した状態で，自動車を運転して人をひき，死亡させてしまった場合（危険運転致死）
・人の住む家に放火した場合（現住建造物等放火）
・身の代金を取る目的で，人を誘拐した場合（身の代金目的誘拐）
・子供に食事を与えず，放置したため死亡してしまった場合（保護責任者遺棄致死）

（最高裁判所ホームページより）

簡単に言えば、基本的に重大な犯罪に関する事件を扱い、軽微な犯罪は扱わないということだ。しかし、たとえば強盗致傷は裁判員裁判の対象となる事件なのに、強盗はならないし、同じ放火でも人が住んでいるところと住んでいないところでは違うなど、細かい区別は非専門家にはかなり難しい。ちなみに裁判員が参加するのは地方裁判所で行われる一審のみで、高等裁判所（二審）以降の審理はこれまで通り裁判官のみで判断が行われる。

では、裁判員はどのようにして選ばれるのかを説明する。まず、各地方裁判所によって有権者の中から抽選で選んで翌年の「裁判員候補者名簿」が作られ、その名簿に載った人たちに「裁判員候補者名簿記載通知」というものが送られてくる。通知が届いたら、記載通知と一緒に送られてくる、その人が裁判員の仕事ができるかどうかをたずねる「調査票」と呼ばれる質問紙に回答を記入し、裁判所に調査票を返送する。

事件ごとにまた抽選が行われ、そこで当選すると原則的に裁判の6週間前までに裁判所から「選任手続期日のお知らせ（呼出状）」が送られてくる。その呼出状に同封されている「質問票」に回答し、返送して、辞退が認められれば裁判所に出向く必要はなくなる。

裁判員は、選任手続期日に裁判所に出向き、そこで裁判官・検察官・弁護人と面接し、面接が終わると再び抽選が行われる。そこで抽選に当たるとその裁判に参加することになる。通常は6人の市民（裁判官は3人）が選ばれる。しかし、被告人がすでに有罪であることを認めていて、事実について争いがないと認められる事件については、裁判員4名と裁判官1名の5名で裁判することもある。これらの選ばれた裁判員が万が一途中で裁判に参加できなくなったときのために、補充裁判員というのも同時に選ばれることがある。補充裁判員は、裁判員や裁判官とともに法廷での審理にも参加するが、法廷の中では、他の裁判員とは座る位置が異なる。

裁判官と裁判員が判決を決めるために議論する作業は、「評議」と呼ばれ、裁判の最も重要な部分になる。裁判員は、評議の経過（どのようなテーマで話し合ったか）、他の裁判員や裁判官の意見、賛成・反対の数、裁判員の仕事をする上で知り得た秘密を漏らしてはならないという、守秘義務と呼ばれる義務を生涯にわたって負う。この義務に違反すると、なんと刑罰（罰金刑または懲役刑）が下ることになっている。

裁判にかかる日数は、2日から5日くらいと言われているが、事件によってはもっと長引くこともあるだろう。裁判員になったら、仕事をしている人は、仕事を休まなければならない。裁判員には、旅費と日給（1日あたり1万円以内）が支払われる。裁判員に選ばれなかった人にも1日あたり8000円以内の日当が支払われる。また、宿泊が必要の場合は、宿泊費が出る。

以上、裁判員裁判に関してごく簡単に説明したが、本書はあくまでも裁判におけることばという点を中心に話を進めていくため、細かい裁判の流れ、裁判員裁判や制度そのものについてより詳しくお知りになりたい方は、裁判員制度の内容を紹介する書籍は山ほど出ているし、最高裁判所ホームページをはじめとした様々なウェブサイトでも解説がたくさん見つけられると思うので、それらをご覧いただきたい。

第一章　ことばに秘められたチカラ

「ことばのチカラ」。「ことばの魔法」。ことばには不思議なチカラがある。オバマ大統領の大統領選挙での勝利も彼の使うことばによってもたらされたものだと分析されることが多い。ことばは人を動かす。人を変える。ときには政治や社会も変える。こういったことばに秘められたチカラは、普段の生活、新聞やテレビといったマスメディアやインターネットなど、ことばを使ってコミュニケーションをしたり、情報を発信・受信したりする場面において、誰でも感じた経験があると思う。気付くかどうかは別として、当然、裁判などの法の世界でもそういったものがいたるところで見られる。人の人生を左右する裁判も使うことば次第で結果（判決）が大きく変わるのだ！

そんなことばの重要性やチカラを法にたずさわる人たちはどう考えているのだろうか。ご存知のように、法曹（弁護士・検察官・裁判官）になるのは大変だ。人並み以上に勉強ができなくては、あの超難関の司法試験はなかなか通らない。また、ことばの運用能力、つまりことばを使う能力に関しても、あの極限までややこしい難解な法律の条文を理解する能力を持っているわけだから、法曹は人並み以上の言語運用能力を持っている人々と言えるだろう。最近は法律文の現代語化が進んでいるとは言え、まだまだ一般に使われることばとは大きくかけ離れている。法律文を読んでいく作業は、素人にはほとんど暗号解読作業に思えるだろう。そういう意味では、法に関わることばを操る能力は特殊技能とも言えよう。法律家たちは、まさに法の世界での「ことばのプロフェッショナル」なのである。

ところが、法律家は、法律を定めていることばには関心が高くても、裁判の中でのコミュニケーションに使っていることば―例えば、証人に質問するときに使っていることばや被告人に話しかけているときのことば―の使い方そのものには関心が薄い。いや、薄かった。裁判員制度が導入される以前の裁判では、裁判官は法廷でのやりとりを通して得られた情報よりも、積み上げると数10センチから数メートルにもなる検察と弁護人によって提出された膨大な事件に関する資料を丁寧に読み込むことを中心に判決を決めていた。ところが、裁判員制度の導入に伴って、裁判員に膨大な事件資料を見てもらうよりも審理そのものに集中してもらって、公判の中で見聞きしたもののみを前提に判断をしてもらうこと（口頭主義）を徹底するということになったので、法廷で使うことばと市民の使うことばのギャップの改善にも以前よりは目が向けられるようになってきた。裁判所による裁判員裁判の広報に用いられているキャッチフレーズ「私の視点、私の感覚、私の言葉で参加します。」というのを見ても、市民がことばのギャップで困らないように配慮をしていこうとしている裁判所の決意がうかがえるし、日本弁護士連合会などでも、「法廷用語の日常化プロジェクト」と銘打って裁判で用いられることばの研究を進めてきた。

しかし、それでもそういった取り組みの多くはせいぜい法律家特有のことばの「わかりやすさ」に視点を置いたものであって、使っていることばの持つチカラまで目を向けたものではない。ところが、実は、法律家が好んで使う法律用語のような特殊なことばではなく、私たちにも馴染みの深い何げない「ことば」の使い方によって証人の記憶が変えられてしまったり、裁判官や裁判員の判断・判決が左右され、裁判当事者や関係者の人生を変えてしまったり、ときとして「人の死命」を決定付けてしまったりすることもあるというのだから怖い話だし、もっと注意を払わなければいけない。法律の専門家はもちろん、裁判員として裁判に関わっていく私たち市民もしっかりと意識していかなければならない。司法というコンテキストにおけることばのチカラのすごさや恐ろしさを知ってもらうために、本章では、証人や当事者、そして裁判官という視点から、裁判におけることばのチカラについての研究を紹介していく。

1　目撃証言に影響を与えることばのチカラ

もし、証人の記憶が質問をする人のことばによって変えられてしまうとしたらどうだろう。考えるだけでも怖い話である。そんな怖いことを実験で証明したのが、ここで紹介する研究である。

おそらくことばと法に関連する研究のうち、最も衝撃的で、かつ我が国で最もよく知られている研究の1つが、この心理学者エリザベス・ロフタス（Elizabeth Loftus）に代表される「目撃証言」の研究だろう。目撃証言の研究は、目撃者による証言がどれくらい信用できるかという、信憑性や信頼性に関する調査が主であると言える。ロフタスは、目撃証言はさまざまな心理的あるいは心理言語（学）的要素によってある出来事を観察した時点とその出来事が証言として話された時点では異なるということを実験で証明した。

ロフタスによれば、人間の記憶には、以下の3つの段階があるという。

（1）ある事象の情報を取得して、最初に記憶する段階（ものごとを見たり聞いたり読んだりして記憶をする段階）
（2）ある期間、その記憶を保持する段階（記憶として頭の中に保っている段階）
（3）口頭でその情報を復元するまでの段階（記憶を呼び起こして人に話す段階）

これらのうち、（2）の「記憶の保持」と（3）の「記憶の復元」の段階において、ことばが記憶に大きな影響を与えると言っている。ここでは、ロフタスの数ある実験の中でも、特にことばと係

わり合いの深いものだけを簡単に採り上げる。

1・1　ことばが記憶を変える!?　ことばのサブリミナル効果（1）

ロフタス&パーマー（Loftus & Palmer 1974）の実験では、150人の被験者（実験を受ける人）に自動車接触事故の映像を見せて、事故に関する詳細をたずねるという実験を行った。そして、その質問の言いまわしの違いが、被験者の記憶を呼び起こす際の正確さにどのような影響や差異を生じさせるかを観察した。

1a. それらの車は激突した（smash）際に、どれくらいの速さで走っていましたか?
（"About how fast were the cars going when they *smashed* into each other?"）

1b. それらの車はあたった(hit)際に、どれくらいの速さで走っていましたか?("About how fast were the cars going when they *hit* each other?")

これらの文は、英語の文が原文だが、ここではわかりやすく日本語訳を先に示してある。1aと1bの文の違いは、下線部の「激突した("smash")」と「あたった("hit")」という動詞の部分である。1aの「激突した("smash")」でたずねられた被験者たちは、「あたった("hit")」でたずねられた被験者たちよりも明らかに速い速度(smash=10.46 mph, hit=8.00 mph)で衝突したと答える傾向があった。(他にも、collide/bump/contactなどでも実験したがそれぞれ違いがあった。)

とりあえずこの違いは数マイルなのでそれほどたいしたことはないかもしれないが、実に興味深いのは、そのあとの実験で、同じ被験者たちに対して一週間後に「ガラスは割れてたりしましたか?」("Did you see any broken glass?")という質問を他の質問に混ぜてたずねた。結果、実際にはガラスは破損していなかったにも関わらず、先の実験で「激突した("smash")」(=1a)ということばを用いて質問された被験者たちは、「あたった("hit")」(=1b)ということばを用いて質問された被験者たちの2倍もの確率で"yes"と答えたそうだ。日本語を母語として使う人にとって日本語の「あたる」・「ぶつかる」・「接触」などの単語よりも、「激突」という単語の方が激しい衝突を意味する印象があるのと同様に、英語でももともとsmash(「激突する」)という動詞はhit(「あたる」)

という動詞よりも激しい衝突を意味する。激しい衝突だったという印象を、映像を見た後で聞かれた質問の中のことばで刷り込まれてしまった被験者たちは、激しい衝突があれば通常ガラスが割れるものであるから、実際にはガラスは割れていなかったのに、割れていたと思い違いをしてしまったわけである。こういったことばの持つ微妙な意味・ニュアンスの違いが、このように記憶の復元にまで影響を及ぼすのである。

「サブリミナル効果」ということばをご存じだろうか。情報の受け手が知らず知らずのうちに情報の送り手の影響を受けてしまう現象のことだが、有名な例では、映画の中でフィルムの数コマに「コーラを飲め」や「ポップコーンを食べろ」と書いたメッセージが仕込まれていて、その映画を見た観客は、メッセージには気付いていないがコーラやポップコーンを買いたくなるというものなどがある。（実際の効果としては怪しいらしいが。）ここで見た事例は、ちょっとしたことばのサブリミナル効果と言えるのではないだろうか。

1・2　ことばによる記憶の刷り込み!?　ことばのサブリミナル効果(2)

見てないものを記憶に作り出すということでは、また別の方法でも可能である。やはりこれもロフタスの実験（Loftus 1975）で、路地から太い本線に車（車A）が一時停止せずに交差点に進入してきたので、本線の方を走ってきた車が事故を避けるためにあわてて停止した結果、後続の車と5台の

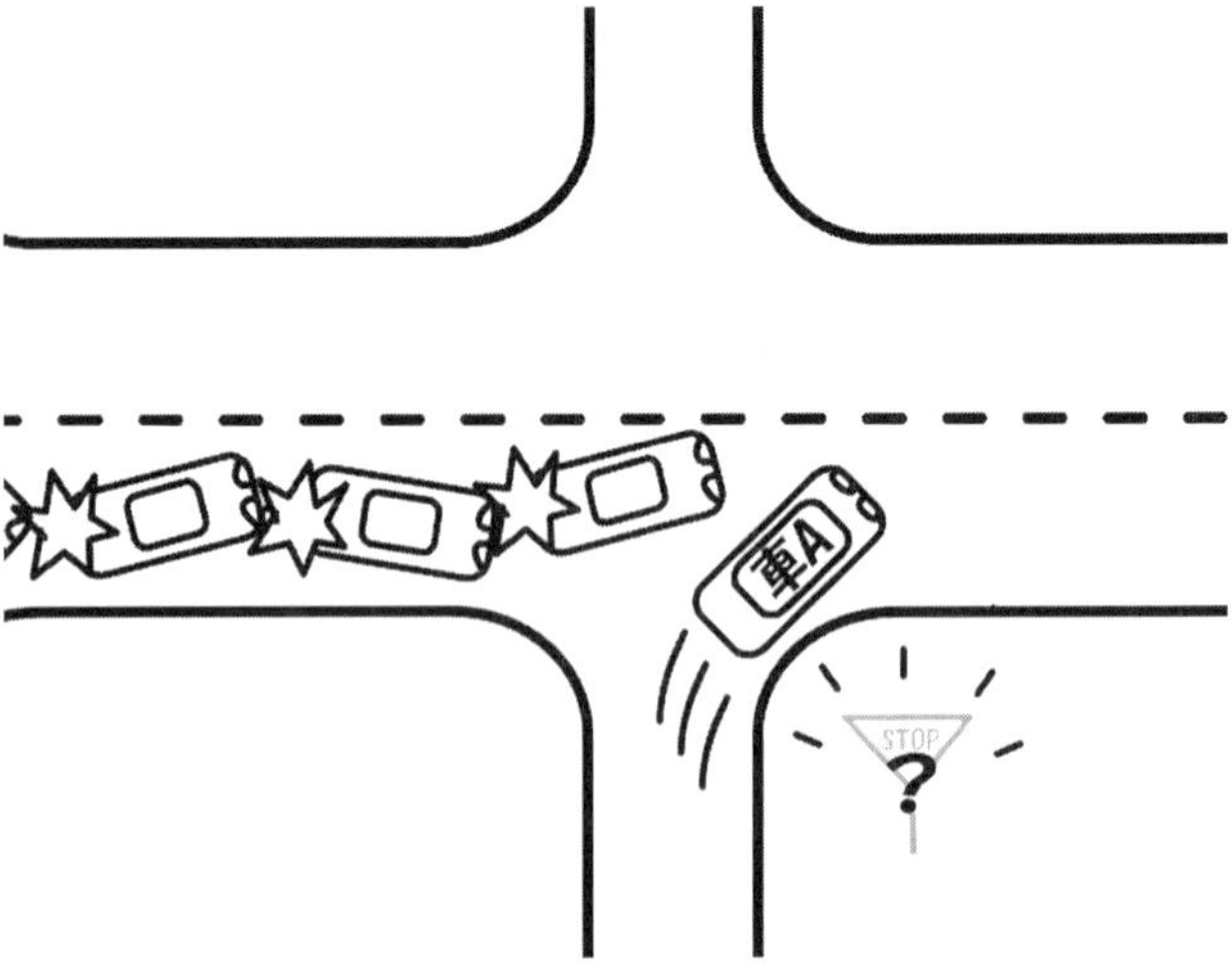

玉突き事故を起こしてしまうという交通事故の映像を見せ、一方のグループには、映像の中には映っていない「一時停止標識（stop sign）」という単語を次の2aのように質問文の中にさりげなく混ぜて質問し、もう一方のグループには2bのように、「一時停止標識（stop sign）」という単語は混ぜないで質問した。（「車A」が交差点に進入してきた車のことである。）

2a. 車Aは、一時停止標識を通り過ぎた時、どれくらいの速さで走ってましたか？（"How fast was Car A going when it ran *the stop sign?*"）

2b. 車Aは、右に曲がったとき、どれくらいの速さで走ってましたか？（"How fast was Car A going when it turned right?"）

結果、2aの聞き方で聞かれたグループ、すなわち「一時停止標識」ということばを質問の中で聞いていた被験者の53%が、見ていないはずの一時停止標識を「見た」と答えた。一方、2bの一時停止標識ということばを質問の中で聞かなかった被験者は、35%のみが「見た」と答えた。2aでは、2bの倍近くの人が見ていないはずの一時停止標識を見たと答えたわけである。

また、ロフタスは、被験者に田舎道を走る車の映像を見せ、一方のグループには、次の3aのように映像の中には映っていない「納屋(barn)」(収穫物や農機具などをしまっておく倉庫のような建物)という単語を質問文の中にさりげなく混ぜて質問した。そして、もう一方のグループには3bのように、「納屋(barn)」という単語は混ぜないで質問した。

3a. その白いスポーツカーは、田舎道を走りながら納屋(なや)を通り過ぎたとき、どれくらいの速さで走ってましたか?("How fast was the white sports car going when it passed the barn while traveling along the country road?")

3b. その白いスポーツカーは、田舎道を走っている際、どれくらいの速さで走ってましたか?("How fast was the white sports car going while traveling along the country road?")

その1週間後に、それらの被験者に「納屋を見ましたか」と質問をしたところ、3aの聞き方で

聞かれたグループ、すなわち「納屋」ということばを質問の中で聞いていた被験者の17.3%が、見ていないはずの納屋を「見た」と答えた。一方、納屋ということばを質問の中で聞かなかった被験者は、2.7%のみが「見た」と答えた。

これは先ほどの一時停止標識の例に比べると、かなり大きな差ではないだろうか。前者は、5〜6人に1人が見たと言っているのに対し、後者は30人に1人が見たという程度である。6倍以上の差がある。3bの聞き方が普通の聞き方であるから、3aの聞き方をすることで、記憶を変えられてしまった人が6倍もいたということである。

また、注意していただきたいのは、これらの質問の中核となる部分は、「どれくらいの速さ」という部分であり、通常、聞かれた側の意識もそちらに中心が行く。つまり、この「トリック」は意識の中心とならないところで仕掛けられているのである。質問文の周辺部分（中心ではない部分）に埋め込まれた「一時停止標識」や「納屋」という単語を聞いたことによって、被験者の記憶が改竄（かいざん）・歪曲され、見てもいない標識や納屋の存在が記憶に埋め込まれたのである。このように本当にさりげないことばの操作によって、記憶が歪められてしまうのである。これもことばのサブリミナル効果と言えるだろう。

これまでの例で共通なのは、ことばが含んでいる「前提」が記憶や判断に影響を与えているということである。smash（激突）ということばを用いれば、そのことばが持つ意味として激しい衝突をしていることが前提となるし、質問の中に混ぜられた the stop sign（一時停止の標識）や the barn（納屋）ということばは、the という（このすぐ後に説明するが、話し手と聞き手が何を指しているかがわかっていることが前提になる）定冠詞があることから、納屋が存在していたことが前提となっている。

1・3　ちょっとの違いが大きな違い!?　ことばのサブリミナル効果（3）

前提を含むことばの影響やサブリミナル効果のような現象という意味では、さらに興味深い実験がある。ロフタス&ザンニ（Loftus & Zanni 1975）による実験では、100人の被験者に自動車接触事故の映像を見せ、「壊れたヘッドライトが(不定冠詞a)見えましたか?」("Did you see a broken headlight?")と「壊れたヘッドライトは(定冠詞the)見えましたか?」("Did you see the broken headlight?")という2種類の質問を用意し、それぞれの被験者にどちらか1つを用いてたずねた。(筆者の下手な日本語訳ではピンとこない人は原文の英語の方をしっかりと見ていただきたい。)すると、実際にはヘッドライトは破損していなかったにも関わらず、原文の英語の文で不定冠詞aを用いてたずねられた被験者のうち「見た」と答えた者は、7%だけであったのに対して、後者の定冠詞theを用いて質問された場合は、15%の被験者が「見た」と答えた。つまり、定冠詞theで聞かれた被験者は不定冠詞aで聞かれた被験者の倍くらいの確率で壊れてもいないヘッドライトが壊れていたように思ってしまったということである。さらに驚くことに、2度目の実験のときには、その割合が前者は6%で、後者は20%であった。今度は、両者の開きは3倍以上である。16人に1人が見たというのと、5人に1人が見たというのでは大きな違いであろう。またちなみに、不定冠詞aを用いてたずねられた被験者の方が、質問に対し、"I don't know."(わからない・判断できない)と答える者も多かった。

なぜこのような違いが出てくるのだろうか。英語では、一般的に、不定冠詞aは、特定されていない事物、話題の中で初めて出てくる事物を指すときに用いられ、定冠詞theは、すでに述べられている事物や話者の間で何を指しているかわかっている事物、特定の事物等を指すときに用いる。

言い換えれば、定冠詞がその事物が存在しているということ、聞き手の意識にあることを「前提」としているのである。例えば、次のような物語の冒頭によく見られる文の例を見てみたい。

4a. Long ago, there lived an *old man* and his wife in a small village.（「昔ある小さな村におじいさんとおばあさんが住んでいました。」）

4b. *The old man* was …（「そのおじいさんは…」）

4aが物語の冒頭の文で、4bがそれに続く文である。最初の文4aでは、おじいさん（old man）は初めて出てくるものとして述べられるため、話し手と聞き手の間で何を指すのか確定していない。したがって不定冠詞のanが使われる。一方、2番目の4bの文では、前の文ですでに話題に登場しているおじいさんについて述べている。したがって、話し手と聞き手は何を話しているかがわかっているので、定冠詞のtheが用いられている。このように、定冠詞のtheは、話し手と聞き手で何を指しているかがわかっている場合に使われる。

この違いを先ほどの実験で使われた文にあてはめて考えると、"Did you see the broken headlight?"の文では、定冠詞theが用いられる事によって、話し手と聞き手の間で壊れていたヘッドライトがあったことが前提とされてしまっていることになるので、日本語に例えると「壊れていたヘッドライトがあったのですが、それが見えましたか？」と聞いているのと同様の効果を持つわけである。不定冠詞aを用いた文でたずねられた被験者の方が"I don't know."と答えた率が高かった理由は、この聞き方の場合はヘッドライトが割れていたことが前提となっていないため、前提にしばられずにより自由にわからないと答えることができていたと考えられる。

英語ほどはっきりした違いではないのだが、英語の冠詞のこのニュアンスの違いは日本語にも見られる。日本語の助詞の「は」と「が」の違いは、それぞれ英語のaとtheにある程度まで対応するということが知られている。先ほどの昔話の例でも、「おじいさん」が、4aの文で最初に出てくるときは「あるところにおじいさんがいました」のように、「が」が使われ、次に4bの文で出てくるときには「おじいさんは…」のように「は」が使われている。日本語の「が」は最初に出てきたものを指すときに使われるという意味で英語の不定冠詞aに、日本語の「は」はすでに出てきたものを指すときに使われるという意味で英語の定冠詞theに似ていると言える。ただ、英語と使い方が完全に一致しているわけでもないので、日本語で同様のことをする場合には少々工夫が必要になるだろう。

ここで見たような、ほとんど誘導尋問と言えるような質問が証人になされたとしても、冠詞は実際の発話では弱く発音される単語であるため、なかなか気付きにくいだろう。また、冠詞の違いだけで異議をいちいち唱える弁護士や検察官もいないだろうし、唱えたところで裁判官がその指摘を重く見て異議を認めてくれるかは疑わしい。しかし、このようなほんの僅かな言いまわしの違いでさえも被験者の記憶の復元に影響を与えるのであるから油断はできない。ことばのサブリミナル効果たるや恐るべしというところであろう。

1・4　犯人はもはや別人!?　ことばのサブリミナル効果（4）

最後に、ハリス（Harris 1973）の実験を紹介する。ハリスの実験では、被験者にバスケットボールの選手を見てもらい、その選手の背丈に関し、「そのバスケットボール選手は、どれくらいの背の高さでしたか？」（"How tall was the basketball player?"）と聞いた場合と、「そのバスケットボール選手はどれくらいの背の低さでしたか？」（"How short was the basketball player?"）と聞いた場合とを比べた。すると、なんと、前者と後者の平均値の差は10インチ（約30センチ）もあったのである。30センチ近くも違ったら、どんなことになるだろう。身長が160cmの人と190cmの人、あるいは170cmと200cmの人では完全に別人のようである。本当の犯人である被告人が190cmなのに、裁判に至るまでの過程のどこかで誰かが意図的にこのような形で目撃者の記憶を変えてしまい、その目撃者が証言台で「犯人は160cmくらいだった。」と証言したらどうなるだろう。おそらく、その証言を聞いた陪審員や裁判員は、目撃されたのは被告人ではないだろうと考えるのではないだろうか。そう考えると、この差というのは決して無視できる数値ではないだろう。この例においても、後者の質問でやはり背丈が「低い」という「前提」を含んだ質問をした場合に影響を受けていることがわかる。ことばによって作られる前提の持つチカラのすごさがまたしても見えた実験である。

1・5 こんなことばに気をつけろ!? 有標・無標の違い

ここで1つ、言語学の概念を学んでいただこうと思う。背丈に関する質問をする際には、背丈であれば、「どれぐらい高い」と聞く方が自然であり、「どれぐらい低い」と聞くのは、多少不自然な質問であることに気がつくのではないかと思う。この対比は、言語学では、それぞれ「有標(marked)」と「無標(unmarked)」の違いとして知られている。前者は、マッコーレー(McCawley 1985)の定義をもとにすると、与えられた文脈の中で、「不自然、非標準、逸脱」な(つまりちょっと変わっている)形式や表現を指し、後者は与えられた文脈の中で「自然、標準、中立的」な形式や表現を指す。この考え方で行くと、例えば物の長さを聞くときに「どれくらい長い」と聞くのがより自然で「無標」な聞き方であり、「どれくらい短い」と聞くのが「有標」な聞き方である。同様に、前項の冠詞の例で行けば、不定冠詞aで聞くのが「無標」であり、前提を含んだ定冠詞theで聞くのが「有標」な聞き方である。この有標・無標の違いが、これまで見たような大きな違いを生み出す可能性があるならば、実際の裁判やその他の司法過程において、何らかの「有標」な形式を用いて証人に対して質問がなされた際に、検察官、弁護士、裁判官、そして被告(人)も含めた関係者がその危険性を認識して、有標なことばの使い方の指摘や制限をするように注意するのが望ましいだろう。

誤解しないでいただきたいのは、司法過程に関わる者たちが、悪意を持って証人などに有標な聞き方で影響を与えることがあるから気をつけろと言っているのではないということだ。警察や検察にしろ、弁護人にしろ、自分たちの信じている真実があり、それを前提にした話になるわけであるから、それを裏付ける証言を引き出すために、知らず知らずのうちに有標な聞き方をすることもあるだろう。そしてそういったことが、結果的に裁判員や裁判官の判断に影響があるかもしれないということも否定できないわけであるから、裁判員や法曹をはじめとした裁判に関わる人々全てがこういうことばのチカラを知って、注意を払っておく必要があるということだ。

1・6　日本語でも同じ!?　教室での実験

ところで、英語ばっかりでピンと来ないので日本語ではどうなのだろうと思った読者もいると思うので、参考までに、筆者が授業の中で行った、ちょっと面白い実験を紹介したい。まず、その授業の受講者にとある昔の有名学園ドラマの中で先生と生徒がもめるシーン（2分程度）を見せた。いじわるな筆者は、その映像を見せた直後に、その映像に登場する人物や出来事について解説をするふりをしていろいろと嘘の情報を盛り込んでみた。例えば、本当は七・三分けの髪型の教頭について、「黒ぶちメガネのバーコード頭の人が教頭なのですが、なかなかムカつく役どころなんですよね。」とか、実は軽く詰め寄った程度なのに「生徒の一人が、そのバーコード教頭をいきなりどついてましたね。昔はこんなこと普通にあったんですよ。」などと言ってみた。ロフタスらのやった実験のように、学生たちの見た映像に関する記憶をねじ曲げてやろうと画策していたわけである。

そして、解説の直後に、映像の中で教頭先生とその生徒の軽いもみ合いで、教頭につかみかかってきた生徒を別のヒゲを生やした先生が生徒を軽く押して引き離したシーンについて以下の質問をした。

問1．「さきほどの映像で、ちょっと小さめの生徒が教頭先生をブッ飛ばそうとしたとき、先生の黒ぶちメガネが外れたのが見えましたか？」

問2．「ヒゲの先生が教頭にからんでいる生徒を引き離そうと激しく突き飛ばしたとき、別の生徒にぶつかりましたか？」

両問の下線の部分には、実際の映像には表れていない激しいもみ合いを連想させるようなことば（「ブッ飛ばす」「激しく突き飛ばす」）や生徒の身長に関する誤った前提（「小さめの生徒」）を織り込んでみた。ちなみに、先ほどのロフタスの実験と同じように、下線部の部分は質問の中心部分ではないことに気をつけてもらいたい。問1・2では、それぞれ「メガネが外れたのが見えましたか」と「別の生徒にぶつかりましたか」という部分が質問の中心部分である。また、問1の質問はあくまでも問4への布石で、問1の質問の中で「ブッ飛ばした」（実際の映像では暴力は振るっていない）や問2の「激しく突き飛ばした」という激しい争いを連想させることばを質問の中の中心でない部分に紛れ込ませて、さらに「メガネが外れた」という実際には起こっていないことを質問文に織り交ぜたことによって、後で記憶が変わるかどうかを調べたわけである。（細かいことを言えばより高い実験の精度を求めるならどちらか1つのひっかけに絞るべきだったとは思うが、とりあえず参考程度の結果として、ここは目をつぶっていただきたい。）

そして、20分ほど講義をした後に、同じ映像について、今度は映像を見せずに記憶を頼りに以下のような質問に答えてもらった。

問3．「教頭先生に絡んだ生徒の身長はどれくらいでしたか？」
問4．「生徒に絡まれたとき、教頭先生のメガネはズレてしまいましたか？」
問5．「絡まれた教頭先生の特徴を述べてください。」

学生の回答

	はい	いいえ	わからない
問1	4（7%）	52（93%）	0（0%）
問2	13（23%）	40（71%）	3（5%）
問3	教頭より低い	教頭より高い	同じくらい
	11（20%）	10（18%）	20（36%）
問4	13（23%）	38（68%）	5（9%）
問5	頭髪の薄さに言及　27（48%）（うち、「バーコード」に言及は8（14%））		

＊表中の（%）は四捨五入した数値。
問3については、無回答者が15名いた。

実は、実際の映像では、生徒の背丈は教頭とほぼ同じかちょっと高いくらいで（＝問1、問3）、暴力は振るっておらず（＝問1）、ヒゲの先生はつかみかかった生徒と教頭の間に入って引き離した程度で突き飛ばしてさえいなかった（＝問2）。また、つかみかかられた教頭のメガネはまったくズレておらず（＝問4）、髪型も通常の髪量（逆に多いくらい）の七・三分けで（＝問5）あった。

ここで注目していただきたいのは問5の回答である。教頭先生のバーコード頭という誘導に関して（問5）は、約半数（48％）と、実に見事に多くの学生に記憶が変わっている。学生達自身もかなり驚いていた。おそらく、「教頭先生＝バーコード頭」というのが、私たちが思い描く典型的な教頭先生のイメージやパターンとあまりにもぴったりくるのだろう。そういった私たちが抱いている典型的なイメージや状況と近いほど、記憶の変容が起こりやすいということは、ロフタスも観察している。

残りの質問と回答も見てみよう。問1で質問の中に仕込んでおいたことばの影響を見るために、問4の回答と比較してみたい。問1では、7％の学生しか「メガネが外れたのを見た」と答えていないのに対し、問4では、約3倍の学生(23％)が「メガネがズレたのを見た」と思い出していることがわかる。実際にはメガネは全くズレていなかったのだが、問1で「外れた」あるいは「ブッ飛ばそうとしたとき」ということばを聞いて、メガネが外れかけた、あるいはズレたと思う学生が増えたと考えられる。統制群のデータ(比較のために誘導的な質問を入れていない、普通の状態で取ったデータのこと)がないため、この結果が示すものは厳密には意味がないのかもしれないが、無視できない数字のように思われる。ロフタスの実験などを見ていると、どの実験でも統制群の被験者でもだいたい3％～5％くらいは勘違いして見ていないものを見たと答えてしまうようなので、それぐらいだったら誤差の範囲みたいなものだろうが23％は少々気になる数字である。

次に、問2の質問文の中に含まれていた「激しく突き飛ばした」という後からつけ足された情報(事後情報と呼ばれる)によって、その生徒が他の生徒にぶつかったように誤って想起してしまった学生は23％いた。4人強に1人が間違っていたことになる。

問3の背の低い生徒という部分にひっかかったかどうかは、この結果からはあまりはっきりしない。実際の映像では、教頭先生と生徒の身長は同じくらいであった。この結果では、やはり正解である同じくらいという回答が36％で1番多く、どちらかが高いあるいは低いというのが20％前後であまり変わらない。統制群のデータがあれば、もう少し違う結果が見えたかもしれないのが残念である。

この実験と結果は、あくまでも授業の中での余興的なものなので、心理学者の本格的な実験ほど精度が高いものではないが、重要なのは、心理学にはそれほど造詣の深くない筆者のちょっとしたことばによってでさえも、目撃した状況に関する記憶がいとも簡単に歪曲されてしまったという事実である。これを裁判という場面に置き換えていただきたい。英語と同様に日本語でも、目撃証人が目撃した場面・事実が質問をする人のことば1つで簡単に捻じ曲げられてしまう可能性があると言えるわけである。ことばの持つチカラは本当に計り知れない。

1・7 目撃証言が裁判結果を左右する⁉

さて、ここまで見たような英米の研究、そして筆者の実験の結果が意味することは何だろうか。アメリカの陪審員に関する研究では、陪審員たちは評決する際に、目撃者の証言に最も大きなウエイトを置く傾向があるということが観察されている。他のすべての証拠が目撃証言とは別の方向性（例えば無罪）を示していても、目撃者の証言の示す方向性（例えば有罪）に傾くというのだ。裁判員裁判でも例外ではないだろう。第二章で紹介するが、筆者らが行った模擬裁判の分析においても裁判員は、弁護人や検察官の言っていることよりも、証人の証言を重要視することが明らかになっている。この観察と目撃者の証言が言語によって大きく影響されるという事実を照らし合わせて考えると、これは非常に大きな問題であると言えるだろう。

裁判員にとって何よりも大事な証人の証言の基になる記憶が、ことばによって証人本人が知らないうちに変えられてしまうのだから本当に怖い。このような言語と記憶や認識の関係、そして「ことばのチカラ」を法の実務に関わる者たちや裁判員として司法に参加することになる私たちがしっかりと認識しないことには、公平・公正な裁判の運営、そして正しい判断をすることは難しいだろう。日本の司法過程においては、取調等の公判前の過程のほとんどが非公開であるが、証人尋問などの際に不正な尋問が行われないように常に当事者たちが使っている「ことば」に目を光らせておく必要があることは間違いない。また、そのようなことばのチカラの不正な利用が、裁判が始まるまでの過程の中で行われていなかったどうかを調べる術が用意される必要である。具体的には、取調過程の様子を録音、録画をするのがベストであろう。こういった公判前の取調の様子の「可視化」は、絶対に必要である。

欧米諸国では、取調過程の録音・録画は当たり前だ。筆者がオーストラリアの警察に視察に行ったとき、同行した日本の弁護士さんたちの1人が「どうして録画するのだ」と警察の方に聞いたら、

「自分たちを守るためだ。自分たちが正しい方法で取調をしているのを証明するためだ。」と答えてくれた。日本でこういった取調の可視化が行われない理由（言い訳？）はいろいろと述べられているが、やはり可視化は取調べる側と取調べられる側の両方にとって本来必要な手段であると言えるだろう。コミュニケーションにおいて、純粋にことばによって伝えられる部分というのは、3割とも1割とも言われている。つまりコミュニケーションで伝えられる意味の大半は、表情、動作、目線、雰囲気、文脈等のことばが発せられたときのあらゆる状況に関する情報で構成されるということだ。したがって、そういったことば以外の情報をより網羅的に記録するためには、できるだけ「録音」ではなく「録画」をすることが望ましいだろう。

2　証人や当事者のことばのチカラ

裁判員制度の導入が近づくにつれ、弁護士や検察官は、裁判員たちに自分たちの主張をどう伝えていくのかという、いわゆる法廷プレゼンテーションに関する研究に熱心になってきている。国内外の専門家を招いたり、研修会を行ったりと、さまざまな形で研究を重ねている。では、実際に証人や弁護人・検察官といった伝える側の人間のことばで、それを聞いている陪審員や裁判員の判断はどれくらい変わってしまうものなのだろうか。この疑問に答えるために、ここでは、一九七〇年代に行われた米国のデューク大学を中心とした研究グループが行った裁判での証人や法律家による発話がどう事実認定者に影響を与えるかということに関するプロジェクト研究を見てみる。

このプロジェクトには、オウバー(William M. O'barr)等の2名の人類学者と、法律家3名、社会心理学者2名、言語学者1名が参加した。この研究の中心的な関心は、陪審員などの事実認定者による話し手の発言に対する信憑性・評価は、ことばや社会的・心理的要因によって大きく左右されるというところにあった。つまり、裁判における証言の信憑性に対する事実認定者の評価は、証人の話し方、性別、その話者自身に対する印象などの要因によって変わってしまうのではないかということである。もしこの予想が正しければ、公正な裁判を行う上で重大な問題になる。なぜなら、前項で述べたように、一般人は評決する(判決を決める)際に、目撃者の証言を重要視する傾向があるからである。

この調査は、ノース・カロライナ州高等裁判所の刑事裁判を150時間以上にもわたって観察、及びテープ録音したものを分析することから始められた。そして、その分析から導き出された仮説については、大学生やロースクール(法科大学院)の学生たちを被験者としてテストしてみた。具体的には、役者を用いてその実験目的に応じて数種類の違った構成で裁判の様子を録音し、それぞれ別々の被験者たちに聞かせた。被験者たちには、証人の対応能力・信頼性・好感度などだけでなく、弁護士の質・知性・公正さ・手腕などの評価もあわせてたずねた。また、証人の話し方に関しては、

（1）「パワー・スピーチ」（power speech）と「パワーレス・スピーチ」（powerless speech）、（2）「語り形式」（narrative）（証人自らが自発的に話しをする形式）の証言と「こま切れ形式」（fragmental）（弁護士、検事の質問に対して短い回答を繰り返していく形式等）の証言、（3）そして同時に発言した場合、すなわち発言がぶつかった場合に、片方の話者が「押し通す場合」と「譲る場合」の3つに焦点を当てて実験した。これらの実験結果をひとつひとつみていくことにする。

2・1　女性の証人は得!?

最初の実験は、著名な言語学者であるロビン・レイコフ（Robin Lakoff）によって（この実験とは全く無関係に）提唱されている「女性の話し方の特徴」に関する観察を基にしている。レイコフは、男女間で使用する単語や表現・意味・文構造および発音などには特徴的な違いがあると主張している。いくつか例を挙げれば、女性は、very, so, awfully, terribly などの意味的にあまり中身のない強調語をよく用い、ズケズケと率直にものを言うような言い回しよりもソフトで丁寧な言い回しや遠まわしな言い方を好む、文法的に正確に、ときに必要以上に正確に話そうとする、抑揚（イントネーションの起伏）が大きい等々の特徴があると言う。しかしデューク大学の研究チームが実際に調査してみると、証言の場合には、女性には確かにそのような傾向が見られるものの、それにあてはまらない女性も多く、逆に男性でも女性に特徴的とされる傾向が見られる場合があった。結局、「裁判での証言」という特殊な環境においては、このような特徴は、証人の性別によって表れるのではなく、「証人の社会的な地位」によって変わる傾向があることがわかった。医師などの社会的地位、評価の高い証人、つまり、証人が社会的に「偉い」と思われている職業に就いている証人ほど、これらの特徴が出にくく、男性・女性の差が出にくいということである。一方、これらの特徴が女性に出やすいのは、女性が社会的に「パワーレス（力のない）」立場にあるからだと結論付けた。

この調査結果で、女性の話し方に特有と思われていた特徴が、予想に反して、実は性別よりも社会的地位や話し方の違いの方が影響力が大きいということがわかったため、研究チームは話し方の区別の方法を変更し、女性的な特徴を持つ話し方を「パワーレス・スピーチ」、より男性的な話し方を「パワー・スピーチ」と変更して実験を行った。この実験では、基本的に同じ内容の証言を、パワー・スピーチを用いる男性と女性、パワーレス・スピーチの男性と女性の4種類の証人役で録音した。証言内容は、乗用車と救急車の接触事故に関するものである。そして被験者に裁判に関するその他の情報を与えた上で、それらの録音物を聞かせ、陪審になったつもりで、自分の見た証人及びその証言に関して、「説得力」「誠実さ」「対応能力」「知性」「信頼性」などを評価させた。

その結果、相対的に「パワー・スピーチ」の証人の方が「パワーレス・スピーチ」の証人よりもあらゆる面で評価が高かった。すなわち、証人の話し方が証言の評価を大きく変えてしまう場合があるということを証明したのである。また、被験者たちは、「パワーレス・スピーチ」の男性の証言を最も低く評価し、「パワー・スピーチ」の女性の証言を最も高く評価した。この実験結果が示すものは、先ほど述べた性別による特徴的な違いから考えると、証人の話し方がその性別の典型と思われている特徴と逆の特徴を持っている場合に証人の評価は影響を受けるということを示している。つまり、男性の証人が女性的な話し方をすると評価が低くなり、女性の証人が男性的な話し方をすると評価が高くなるということである。

ちなみに、以前、筆者の研究グループが某地方弁護士会による裁判員制度に向けての法廷プレゼンテーションの研修会に参加させていただく機会を得たのだが、その際、偶然にもデューク大学の研究プロジェクトの1つ目の研究に近い形を目の当たりにした。そこでは、まさに上で述べた男女差と口調の関係による聞き手の印象の差異がはっきりと表れていた。ただ、この場合は、話し手は証人ではなく弁護士であった。その研修会では、学者や弁護士だけでなく、裁判員の視点から弁護士によるプレゼンテーションの評価をしてもらうため、何名かの一般市民の方々と1名の刑事法の著名な学者がパネリストとして呼ばれていた。そこでの実験台(?)の4人のうちの1人の女性弁護士が、ハキハキとメリハリのある口調で、颯爽と弁論を行った。まるでドラマでも見ているかのような格好の良さであった。つまり、女性がパワー・スピーチであった。結果、予想通り、パネリストら聞き手の評価が1番高かった。一方、男性弁護士の1人が、わざと戦略的に物腰のやわらかい少々弱々しい口調で弁論を行った。つまり、男性がパワーレス・スピーチを用いたのである。結果、やはり比較的にパネリストの評価が低くなってしまっていた。

そこに登場した弁護士の方々は、普段からかなり一所懸命、裁判員裁判に向けた法廷プレゼンテーションについて研究しておられる方々なので、わかりやすさという点では、どの弁論もよく準備され、非常に巧みに構成された内容であり、甲乙の付けがたいものであった。それにも関わらず、聞き手であるパネリストや会場の人々の評価に大きな違いがあったのは、やはり日本においても、男女の典型的とされるコミュニケーション・スタイルが存在し、男女それぞれの典型的スタイルとパターンのコミュニケーション・スタイルで行った弁論は、評価が極端に変わるということが言えそうな事例であった。ただ、細かいことを言えば、その研修会では、女性の弁護人役は1人だけだったので、パワーレス・スピーチの女性のデータは得られなかった。男性に関しては、他に2人の男性弁護士がいて、そのうち1人が標準的な男性の口調で弁論を展開してくれたため、前述のパワーレス・スピーチの弁護士と良い比較ができた。「パワー・スピーチの女性弁護士＞普通の口調（＝パワー・スピーチ）の男性弁護士＞パワーレス・スピーチの男性弁護士」という、デューク大学の研究チームの調査結果とも一致する結果が見られた。

裁判官が行う裁判であれば、おそらくこのような証人や弁護人・検察官の性別と話し方の違いで評価が異なるというのは考えにくいが、裁判員であればどうだろう。実際、模擬裁判を調査していても、裁判員の方々は証人のことばそのものだけでなく、話す態度や言い方なども評価の対象にしているような発言が評議の中でしばしば見られる。そういった要因を考慮に入れるのももちろん大切なことであるが、必要以上に判断に影響しないように、裁判官そして裁判員同士でしっかりと目を光らせておくことが肝要だろう。関係者の一生を左右する裁判においては、ことばの向こう側にあるものに常に注意していなければならないのである。

2・2 証人には語らせろ!?

次に、デューク大学の研究チームの2種類目の調査を見てみよう。裁判において証人は訴える側からも訴えられる側からも質問に答えさせられるが、質問をする側に証言の仕方や比較的簡潔で限定的な返答を要求することによって証人の返答をコントロールする自由と権限を持っている。実際、アメリカの裁判では、このような弁護人や検事による証言のコントロールの手法はよく知られている。デューク大学の研究チームはこの点に着目し、受け答えの仕方で証人の証言に対する陪審の印象、判断に違いがあるはずだと考えた。

a. Q では、11月21日の土曜日に関してですが、その日は勤務時間はどれくらいでしたか?
A えっと、午前7時から午後3時まで、え〜、働いてました。6時半に店に着いて、7時に店を開けました。

b.

Q　では、11月21日の土曜日に関してですが、その日は勤務時間はどれくらいでしたか？
A　えっと、7時から3時です。
Q　朝の7時ですか？
A　はい。
Q　それでその日は何時に店に着きましたか？
A　6時半です。
Q　6時半。では、えぇ、7時に店を開けたのですか？
A　はい。それまでに開けなければいけないので。

この実験ではaのように、証人の証言を「語り形式」なもの（すなわち、「はい・いいえ」だけでなく、少々長めにいくつかの文を使って語る話し方）とbのように「こま切れ形式」なもの（限定的な質問に対して「はい・いいえ」や短めの文で簡潔に答えていく話し方）とを用意した。そして、被験者にそれぞれの話者や証言の評価をしてもらった。この実験でも、それぞれの話し方を男性と女性で用意して調査した。また、被験者自体も心理学の学生とロースクールの学生に分け、それぞれ法学教育を受けている者と受けていない者という位置づけで差を観察した。

結果、被験者には証人が自発的に話をする語り形式の証言の方が、質問内容を細かく分けて限定した質問に答えさせるこま切れ形式の証言よりも、弁護士による情報のコントロールを受けていないと感じられ、信用度が高くなるという結果が出た。また面白いことに、法学教育を受けていない被験者たちは、証人が男性である場合、弁護人に自由に発言させてもらえないこま切れ形式の証言では、その証人の能力と社会性において極端に低い評価をした。一方、証人が女性である場合には、こま切れ形式の方が逆に証人の能力の評価が高いが、語り形式と大きくは変わらないという結果が出た。

これは、それぞれの性別の「典型」的な役割と話し方の関係から考えるとわかりやすい。男性は社会的に強者であり、しっかりしていること、能動的に行動することが期待されている。だから能動的な「語り形式」の話し方が典型とされている。したがって、実験結果でも男性の語り形式の証言と女性のこま切れ形式の証言の間で評価の差はほとんどない。この男女それぞれの典型と思われている話し方と逆の形式で話された時に、評価は影響を受ける。男性のこま切れ形式では、男性の典型と思われている形式、男性に期待されている話し方を裏切る形で表れるため、評価は極端に下がる。その反面、こま切れ形式の女性の証言は、もともと女性の典型の話し方であるためであるから評価が低くなることはないが、語り形式は女性の典型と逆であるため評価が上がり、結果としては女性の語り形式とこま切れ形式の間では評価の差がかなり縮まるということになる。

結局、この実験で言えることは、証人が自ら能動的に語る方が、弁護士や検察官の質問に受動的に答えるよりも証言の信用度が高くなる傾向があるということである。逆に、評価が顕著に下がるという傾向は男性がこま切れ形式の証言を行った場合のみということである。女性は評価が良くなる方にだけ変化があるのに、男性は悪い方にだけ変化があるわけであるから、ある意味男性の方が厳しい立場にある。「男はつらいよ」というところだろうか⁉一般的に、質問と返答の長さはある程度比例していて、質問が長いほど返答も長くなると言われている。実際は、証人の性格などもあるので、事情は複雑だろうが、弁護士は証人にできるだけたくさん語らせるための努力をしなければいけない一方、裁判員である市民もやりとりの形式に左右されないで判断するように心がけなければならない。

2・3　証人ズ・ファースト？

デューク大学研究チームの3種類目の実験として、反対尋問において同時発言が起こった場合を男の役者のみを使って録音した。同時発言というのは、2人以上が同時に話し出してしまう状況のことである。この実験では、全く同時発言の発生しないものを1種類、そして同時発現が発生した際に弁護士が自分の発言を押し通す度合いの高いもの、証人が押し通す度合いの高いもの、とちらも押し通さないものの計4種類を用意し、これを被験者に聞かせ、証人や弁護士について質問を行い、陪審員になったつもりで答えてもらった。

結果は、同時発言が発生した場合には、発生していない場合よりも弁護人がその裁判をコントロールしていないという印象を被験者は受け、同時発言が発生した場合に弁護士が強引に発言を続けると、相手の意見を聞いた場合に比べ、弁護士の知性の評価、証人に対する公平さの評価が低かった。つまり、弁護人は、同時に話し始めてしまった場合は証人に発言権を譲る「聞き上手」なタイプが裁判に参加している市民からの評価が高くなるということである。

面白いことに、ここでは判断する側である被験者の性別によって、受け止められ方に大きな違いが見られた。弁護士が発言を強引に続けた場合に、女性の被験者は、弁護士の手腕、そして証人の対応能力、印象を相対的に低めに評価し、その逆に男性の被験者は、弁護士の手腕、そして証人の法的対応能力、印象を高めに評価した。これは、女性が証人（検察側）と弁護人、そして被告の対人間の関係を重視し、男性は発言のぶつかり合いの結果や成果に関心があることが原因になっているようだと実験グループは結論付けている。結局、ここでもまた、「ことば」という要素、そして評価する側の人間の性別が、証人の評価、証言の信頼性などにも大きな影響を与えるということが証明されたわけである。弁護士は、同時に話し出してしまったら、証人に譲る精神、レディーズ・ファーストならぬ「証人ズ・ファースト」という気持ちが大事ということであろう。

2・4　裁判員裁判に向けて

これら一連の調査によって、証言の信頼性は、話し方のような証言の言語的要因や性別などの社会的要因によって大きく影響されるということが証明された。現在行われている裁判において、証言の内容や出所等についての審理は慎重に行われているものの、1節と2節で見てきたような証言の信頼性がことばという要素によってどれだけ大きく影響されるかはほとんど考慮の対象になっていない。このような社会科学の研究を取り入れることが公正な裁判を行う上で重要なのは明らかになったであろう。

では、このようなアメリカでの調査結果が日本の裁判の場合でも関係してくるのだろうか。確かに、アメリカにおいては被験者たちは法律の素人がほとんどであったわけであり、日本での実際の裁判では客観的に判断できる能力を備えている裁判官が判断を行うわけであるから問題はないという反論もあるかもしれない。しかし、裁判員裁判が行われる事件では法の素人である一般市民が実際の裁判に参加してくる。裁判官と合議・相談をした上で判決を出すことが前提だとしても、全員一致ではなく多数決で決まってしまうという制度になっている以上、ここで見てきたような要因が裁判結果に全く影響を与えないとは言い切れない。また、これらの言語的要因が裁判官の証拠に関する判断に全く影響を与えないとも言い切れないだろう。

弁護士や検察官も大変である。若手と中堅を中心に、裁判員裁判に向けた法廷プレゼンテーションの研究・訓練が各地で行われている。ここで見てきたようなものを含め様々なことばの要因が、一般市民の判断には大きく影響するという事実を実感しているからであろう。ちなみに、さきほど述べた筆者が参加したとある地方弁護士会の法廷プレゼンテーションの研修会で、50代くらいのベテラン弁護士が、従来に比較的近い形で弁論を見せてくれたが、これもまた評価があまり高くなかった。これは、実は別の研究でも指摘されているのだが、ベテラン弁護士が辣腕をふるうと、一般市民の判断者たちは逆に口車に乗るまいとでも思って警戒してしまうのか、信頼性の評価などが低くなってしまうということだ。

ただ、話し方というのは、事件の性質や状況によっても臨機応変に変えていかなければならない。例えば、被害者が亡くなっている事件で、遺族が見守る中、反省のカケラも見せない被告人を、元気ハツラツ明るい笑顔で弁護しても、裁判員から良い評価は得られないだろう。逆に被告人の無罪を確信している事件で、弱々しい自信なさげな口調で弁護されても良い印象は得られないかもしれない。今後、心理学者や言語学者はいろいろなパターンで法廷での弁護人・検察官の話し方と裁判員・裁判官の評価の関係を実験を通して明らかにしていく必要があるだろう。

また、1節の「目撃証言に影響を与えることばのチカラ」で見たように、検察官や弁護人がどの単語や表現を選ぶかで、同じことでもずいぶんと印象が違う。弁護士や検察官なら恐らく今までの経験を通してわかっていることであろうが、裁判員となる私たち市民はそういうことばのチカラに惑わされないように注意しなければならない。たとえば、ダネット(Danet 1980)は、人工中絶に関して、お腹の子を「赤ちゃん(baby)」と「胎児(fetus)」と呼ぶのでは、聞く側にとって、その「命あるもの」としての印象が大きく違い、行為者を当該行為から距離を持たせる効果があると言っている。心理的に距離を持たせることで、行為者の事件への関与度合いの印象を弱めて、責任を軽くすることを狙っているわけである。単語だけでなく、文法構造の面でも、「被告人は、○○という行為を行った」という代わりに「○○という事態が起こってしまった」と、行為を行ったものの名前を出さずに言うことで、被告人と事件の関係をぼやかす方法などが指摘されている。子どもが例えば花瓶を壊してしまった時に、「花瓶、壊れちゃった。」と言って、「壊れちゃったじゃなくって、壊しちゃったでしょ！」などと親に怒られたりするのも同様の原理である。ちなみに、日本語は、行為を行った者を言わずに済ませるような文法が非常に発達している。たとえば、「花か上手に植わった」や「ビルが建った」は、英語では自動詞では言うことができない表現なのである。

いずれにせよ、こういった言語的な要因に左右されずに真実を見極められる目を養っていくのも私たち市民には大事だろう。ことばはあくまでものごとの一側面を切り取って伝える媒体に過ぎないわけであるから、ことばの向こう側にあるものをできるだけことばの影響を受けない形で見ていくことを心がけたい。

3　裁判官のことばのチカラ

さて、第一章のシメとして、裁判官のことばのチカラについて考えてみよう。英米の国々で行われている陪審裁判では、裁判官は評議（判決を決めるための議論）に加わらずに一般市民である陪審員のみで事件について議論することになるが、ドイツやフランスのようなヨーロッパの参審制度という形を取る国々では、裁判官と一般市民である参審員が直接議論をして事件に関するさまざまな判断をしていく。日本の裁判員制度でも、裁判官と一般市民である裁判員が直接議論をして事件に関する判断を行っていく。その意味ではヨーロッパ大陸側の形式に近いだろう。多くの人が、一般市民だけで議論していく英米の陪審員制度よりも、一般市民と裁判官が直接的に議論をするヨーロッパの参審制度や日本の裁判員制度の方が、一般市民の判断が裁判官に不必要に影響されてしまいそうな感じを持っているのではないだろうか。

3・1　裁判員は裁判官に流される!?

言うまでもなく、裁判官と裁判員の間には、「（法律の）専門家vs.素人」という純然たる立場の差異が存在する。そのような立場の違いが存在する場合、特に刑事事件のように明らかに一般市民の守備範囲とは思われない分野で、裁判員の精神的・心理的に優位な立場にあると思われるのは裁判官であろう。何しろ裁判官は法律のプロなわけだし、裁判における判断では百戦錬磨の裁判官の言うことは、やはり素人にとっては「正解」「正しいこと」に聞こえてしまう。ましてやお上に弱い権威主義の日本人であるから、長い物には巻かれろとばかりに裁判員は法の分野においては権威である裁判官の言うことに右へならえをしてしまいそうである。模擬裁判で裁判員を経験した人々に対するアンケート調査などを見ていても、裁判官の意見に影響されてしまったという声は後を絶たない。

NHKのとあるテレビ番組で、法曹三者が合同で開催したとある模擬裁判において、裁判員の過半数が執行猶予寄りの考えを示していたのに、彼らが意見を述べた後に裁判官たちが実刑が適当であるという意見を述べたら、見事に裁判員全員が実刑に傾いたという模擬裁判の事例を紹介していた。この番組によると、この裁判では、同じ事件を複数の裁判体（裁判をするグループ）で評議したらしいが、裁判員の6割が裁判官の意見に影響されたと答えたそうだ。このような事例は全国各地の模擬裁判で観察されている。

その反面、法社会学の研究では、日本人の権威主義的・集団主義的な特性というのは法的判断には見られないと結論付けているものも見受けられる。実際のところはどうなのであろうか。実際の裁判員制度における評議では、裁判員が評議の中で話した内容を法廷の外で語ることが法律的に許されていないため、評議室でのやりとりはブラック・ボックスと化し、裁判官による強引な誘導があったとしてもそれが明るみに出ることはない。また、裁判官自身も意識していない、そして裁判員も気付かない誘導・影響ということもあるだろう。（そういった評議参加者が気付きにくい影響力については次章で詳しく扱う。）したがって、評議に関する研究や分析は、裁判所も参加して行った法曹三者合同模擬裁判における評議をじっくりと観察して分析するしかないし、そうすることが重要なのである。

裁判員裁判の模擬裁判が始まった当初は、裁判長が裁判員の意見をあからさまに誘導するような評議も見受けられ、各方面から批判をずいぶんと浴びたのだが、その後はかなり改善されたようだ。しかし、裁判官による議論の誘導に関しては、実は賛否両論である。賛成派の言い分は、「裁判官は評議においては法律の素人である裁判員の水先案内人であるから、裁判員が間違った方向に進まないように誘導してあげる必要がある」というものである。おっしゃる通りである。でも、例えばその力が裁判員制度の趣旨である「裁判員の感覚を裁判に反映」するのを妨げる方向に用いられるとしたらそれは問題だろう。水先案内的なものにしろ、誘導的なものにしろ、影響を及ぼす可能性のある発言・発話があった際に、裁判員がどう振舞うべきかを自身で判断するため、そういった発言を認識する術を用意しておく、つまりどういうものが実は影響力のあることばなのかを理解しておくのが重要である。

おそらくあからさまな誘導は裁判員でも簡単に気付くであろう。筆者が危険であると考えているのは、前節で見たことばのサブリミナル効果のような気付かない誘導である。気付かない誘導は、往々にして裁判官が作りだす「前提」によってもたらされる。前節でも見たように、質問に何気なく盛り込まれた前提が被験者の判断や記憶に影響を与える可能性があるわけであるから、もし裁判官が意識的あるいは無意識に自分たち寄りの前提を作りだしたとしたらどうだろう。模擬裁判でも、「刑事裁判では、○○○しています」とか「そのような判断の仕方は私たち（裁判官）はしてこなかった」のような形で自分の意見を述べたり、裁判員の意見にコメントをしたりする裁判官がいる。もちろん、法律の素人である裁判員が間違った方向に行かないように、こういった形でコントロールをしなければいけない場合もあるだろう。しかし、同時にこういう発言は、影響力としてはかなり強力である。本当なら裁判員の感覚が活かされなければいけない状況でこの影響力が必要以上に発揮されては困る。意見が変わる心理的なメカニズムは二章で詳しく見ていくが、こういった影響は、心理学では「規範的・情報的影響」と呼ばれ、「説得」の一形態と分類される。裁判官と裁判員の間では、裁判官がそのつもりがなくても結果として「説得」となってしまうのである。

また、裁判官は法律に関する説明と自分の意見を区別せずに述べることがある。これがとても大きな問題をはらんでいる。裁判員は、裁判官が言ったことが市民も従わなければいけない法律の世界の約束事なのか、裁判の一参加者としての裁判官個人の意見なのかを区別することができない。

つまり、法律の説明と自分の意見を同時にはっきりと区別しない形で言われてしまうと、裁判員は裁判官の意見も自分たちが従わなければいけない法の約束事のように捉えてしまうのだ。たとえば、裁判官が「…ということは殺意があったということになります」と述べるのと、「…ということは殺意があったということになるのかなと思っています」と述べるのでは明らかな差が感じられる。裁判官は、法律の説明と自分の意見をはっきりと区別するために、自分の意見を述べる際には、「これは私個人の意見なのですが…」と前置きをするなどの工夫をすることが市民に誤解を与えないため、そして市民の感覚を十分に引き出すためには重要であろう。また、市民もそれらを区別して理解するように注意するべきであろう。

裁判官は、法律のプロ集団として認識されているわけであるし、その彼らが今までの自分たちの判断の仕方を「前提」として話すことによって、それがその場の判断として正しいものと受け取られる。したがって、裁判員たちは影響を受けやすくなってしまうわけである。ましてや、裁判員たちが意見を言った後で裁判官3人が裁判員と違う方向で意見を3人次々と述べたとしたら、これは最初の裁判官の「答え」（ただでさえ前述の情報的影響のせいで裁判官の意見は従うべき意見、つまり「正解」の意見として素人には捉えられがち）に太鼓判を2回別の裁判官が押すようなものであるから、裁判員への影響が大きいのは明らかであろう。実際、こういうパターンで裁判員が再度意見を求められたときに、意見を変えている評議を幾度となく筆者は見てきた。こういった前提を作り出す機会は、評議のいたるところに隠れている。裁判官の意見は参考にすることはもちろん大事なことであるが、裁判員裁判では、市民の感覚、つまり私たち市民のものの見方、考え方、価値観、そして判断が裁判に反映されることが期待されているわけであるから、裁判員は過度に裁判官の世界の常識に従う必要もないだろう。もし市民の判断が間違った方向に進んでも、裁判官なり他の裁判員なりがうまく軌道修正してくれるはずであるから、安心して自分の考えを述べるべきである。

逆に、裁判官は一般市民の意見に影響されたりするのだろうか。そういった実験については、筆者は残念ながら浅学すぎてその有無さえわからないのだが、とある学会だか裁判員制度のシンポジウムだかに筆者が参加した際に、その場にいた法律家の方がドイツの裁判官と話をした際、参審員の意見で自分の意見が変わったことがありますかという質問をしたところ、その裁判官は「今まででそんなことは1度もない」と答えたそうだ。ドイツの参審制度では、裁判官の判断をチェックすることが参審員である市民に期待されている役割とも言われているのでそれでもいいのかもしれない。一方、日本の裁判員制度では、市民である裁判員が、裁判官と対等の立場で協働し、議論を尽くして、判決を決めて行くことを前提とした制度である。したがって、ドイツの参審制度ほど裁判官は頑なではないかもしれない。実際、法曹三者合同模擬裁判などを見ていると、筆者は何度か裁判官が裁判員の意見を聞いて、自らの意見を裁判員寄りに変えているのを見たことがある。

以上、簡単に裁判官のことばのチカラについて考察してきた。中には直接ことばのチカラには関係ない例もあったが、立場の差異と影響力の関係の興味深い例として、一応紹介しておいた。先にも述べたように、このテーマについての研究は、体系だったものは筆者の知る限りはほとんど存在しない。したがって、今後の研究が待たれるが、第二章において、さきほど述べた裁判官による裁判員の意見への影響について、言語学と心理学の立場からもう少し突っ込んで考えてみる。

4 まとめ

本章ではさまざまな裁判参加者によることばの使い方が、証人などの記憶や陪審員のような判断をする者にどのような影響を与える可能性があるのかを、アメリカの研究を中心に見てきた。何気ないことばの使い方が与える影響やことばのチカラは思いのほか大きいこと、そしてそういったことをしっかりと認識することが裁判という特殊な場では、どれだけ重要であるかがおわかりいただけたのではないかと思う。

ことばは、出来事の一部を切り取るだけであり、しかもその切り取り方で事実を違った形で伝えることができるわけであるが、英米や日本の法廷では口頭主義が原則である以上、ことばなしには事実を伝えることもできない。したがって、市民のみなさんが裁判に参加することになった際には、ぜひともこの章で見たようなことばのチカラの面白さ、そして恐ろしさをしっかりと理解・意識して裁判に臨み、表面的なことばに騙されずにことばの向こう側にある真実を見てくださることを切に願う。また、法曹の方々には、真実の発見に向けて、ことばの問題にさらに関心・注意を傾けていただきたい。

第二章　ことばから見た裁判員裁判⑴

裁判員裁判において一般市民が裁判に関わるようになり、法律家と一般市民の間のことばの壁を心配する声がいろいろなところで上がっている。最高裁判所が裁判員制度の広報に用いている「私の視点、私の感覚、私の言葉で参加します。」（『よくわかる！裁判員制度Q＆A』最高裁判所広報パンフレット　二〇〇七年九月）というキャッチフレーズの「私の言葉で」という行には、裁判員として裁判に参加するにあたっては難解な法律の専門用語等の知識は不要であるということが謳われていると思われる。こういった動きを見ていると、裁判において使われる「ことば」に大きな関心が向けられるようになってきていることは明らかである。

裁判員制度導入に際しての「ことば」に関するこれまでの世論や学者の議論は、難解な法律用語の説明、日常語への言い換えが中心であったと言えるだろう。しかし、その難解な法律用語の選び方は、分析の元となるデータ収集が何かと難しかったという事情もあってか、法律家の経験や感覚に頼ったもの、市民や法曹に対するアンケート調査などが中心で、実際の言語使用という観点から行われているものや客観的なデータをもとにしたものはほとんどなかった。このような問題意識にもとづいて、ここでは、裁判員と裁判官の間のことば、そしてことばから見える裁判員と裁判官の違いについて、いろいろな角度からできるだけ客観性の高い「数字」で示すことによって明らかにしていく。特に、コーパス言語学とよばれる言語学の一分野の手法などを中心的に用いて、裁判員と裁判官のことばをテキスト化・データベース化し、その分析を通して、裁判員や裁判官の議論形態から思考形態の特徴まで考察を広げていく。

1 評議室では何が起こっているの？―模擬裁判員裁判の分析―

一般市民と裁判官のコミュニケーションにおける裁判官の影響力などを調べたい場合には、模擬裁判を行うのが一番手っ取り早いだろう。しかし、一般的に研究者らが行う模擬裁判では、現役の裁判官が実験に参加してくれることはまずない。サトウタツヤ立命館大学文学部教授（心理学）が言うには、この手の実験では裁判官役が「偉そうに見えて実際に偉い」人でないとなかなか意味のある実験ができないらしい。偉い人の「権威」の影響を見るための実験であるわけだから当然である。また模擬裁判における評議の実験では、裁判官役にも議論に参加してもらわなければならないので、偉そうに見えて本当に偉いことはもちろん、法律の知識を持ったエキスパートでなくてはならない。したがって、研究者が企画する模擬評議では、本物の裁判官が参加してくれることはまずないし、同じ条件を満たす人を見つけるのが非常に難しいので、有効なデータをとるのが難しい。

しかし、法曹三者合同模擬裁判員裁判では、裁判官・検察官・弁護人は全員本物（つまり偉そうに見えて実際に偉い人であり法律のエキスパートでもある！）だし、裁判員役も基本的にはこのために集められた一般市民がやっているため限りなく本物に近い模擬裁判である。評議以外の裁判過程での登場人物、例えば被告人や証人、被害者参加人などは法曹や関係者がやることが多いのだが、これればかりは本物を用いることができなくても仕方がないだろう。だが、何と言っても、「評議」と呼ばれる裁判員と裁判官が話し合いで判決を決めていく裁判員裁判の中で最も重要な過程では、裁判員と裁判官だけが参加するわけであるから、ここで行われるやりとりは実際の状況と全く同じであり、研究に用いるデータとしても非常に質が高い。法曹三者合同模擬裁判は、二〇〇八年の段階で全国の裁判所で300以上も行われたというのだから、この手の実験では世界的に類を見ないとてつもない国家的実験と言える。

ただ残念なことに、この模擬裁判員裁判を傍聴できるのは原則的に法曹三者に限られており、さらに映像・音声・文字資料は、非常に限られた機会、人間にしか提供されないため、なかなか詳細な分析結果が公表されない。そもそも「検証」という趣旨のもとにやっている模擬裁判なので、外部の人間によって「評価」されることを念頭においたものではないし、参加者に一般市民が混ざっている以上、プライバシーや肖像権の問題があるのでめったやたらに公表できないということらしい。筆者らも基本的にその裁判地や参加者の情報特定につながるような情報は公表しないということで資料を提供してもらっているものが多いし、どんな形であっても公表は不可と言われているデータもある。ということで、ここでは資料提供を受けた時点で公表を制限されている資料は、除外させてもらった。そのような事情があるので、ここで使われるデータも、筆者たちが提供してもらったデータの一部だけを公開するにとどまる。また、どこか一定の団体からの委託を受けた研究の公表という性質のものでもなく、いろいろなところから集めた公表の制限を受けていないデータの分析結果である。また、ここで公表するにあたっても、ほとんどの場合、発言をそのまま引用したり、固有名詞などを示したりすることはせず、統計的な数字を中心にお見せするだけになるが、それだけでも評議におけるコミュニケーションの様子、ダイナミクスを十分に感じ取れるのではないかと思う。

模擬裁判とは言え、ここで用いられているデータは非常に重要である。なぜなら、裁判員制度がひとたび始まってしまえば、本書で扱っている「評議」という裁判のプロセスは、実際に裁判に参加した裁判員と裁判官以外は知ることのできない完全なブラック・ボックスになってしまう。実際に評議に参加した人でも、守秘義務があるため、他人には評議のことをかなり限定的にしか話せない。したがって、今ある模擬裁判のデータ以上のものを研究者がアクセスできる可能性は非常に低い。法曹三者合同模擬裁判の資料が、裁判に参加した人々以外の人々にとって実際の裁判官と裁判員の評議の様子を知る唯一の手がかりになると言って過言ではないだろう。では、その模擬評議のデータを、じっくりといろいろな角度から見ていこう。

1・1　発話量からみた裁判官と裁判員のコミュニケーション

評議のような集団で行うコミュニケーションを分析する際には、まず評議の「形態」と「内容」、つまり「形」と「中身」に分けて考えることが大事である。ここでご覧いただく発話量分析とは、その区分では評議の形の部分を観察するもので、参加者がどれだけ話したか、すなわち量的にどれだけ参加したかを見る分析手法である。大事なのは話した内容であって、話した量で何がいったいわかるのかという批判の声もあるだろう。しかし、このような量的分析にもやはり大きな意義がある。裁判員の中には会議などとはおおよそ無縁で、議論に慣れておらず、なかなか自分の意見が言えないという人も多々いるだろう。また、裁判員の中には、裁判官のように理路整然と意見や議論ができることを期待することは難しい人も少なからずいるだろう。裁判員の多くは、あれこれ考え、ときにいろいろなところに脱線しながら話をして、自分の意見を固めていく。裁判員制度の趣旨である「市民の感覚」を取り入れるためには、こういった裁判員のいろいろな視点や意見を取りこ

表 1　全国の評議における参加者の平均発話量

	発言回数	発言比率	発語数	発話比率	発語数／発言数
裁判長	289.1 回	38.5%	12772 語	39.6%	44.2 語
陪席裁判官	59.0 回	7.9%	2645 語	8.2%	44.8 語
裁判員	57.4 回	7.6%	2370 語	7.3%	41.3 語

＊各中央値については巻末の表 3 を参照。

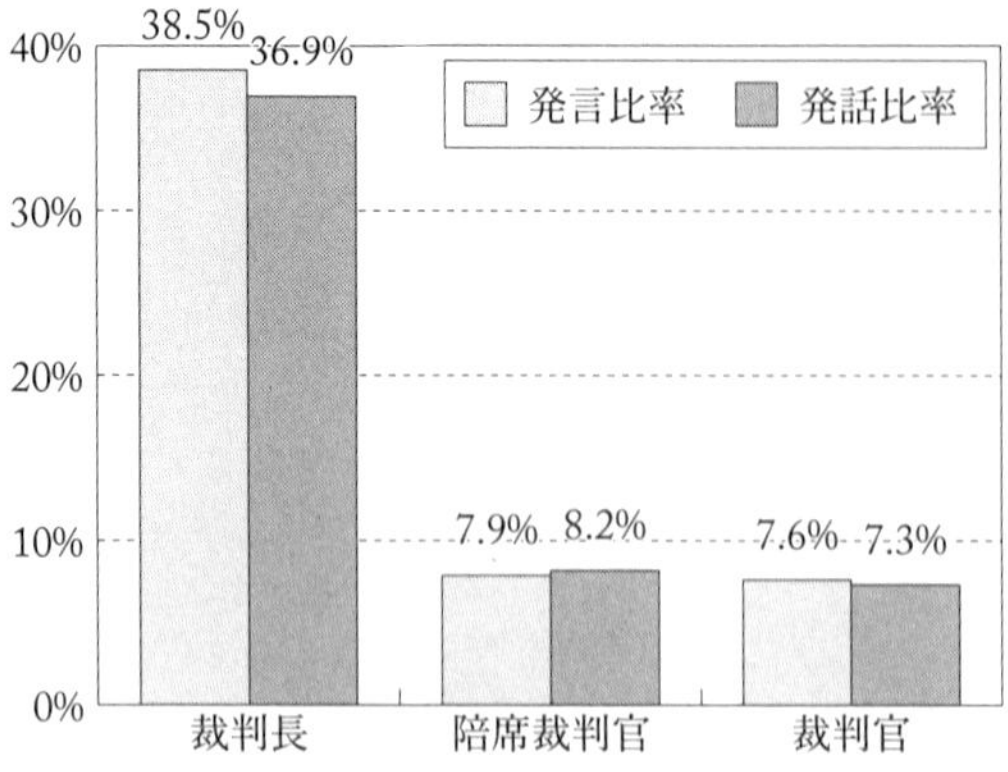

グラフ 1　全国の評議における参加者の平均発話量

ぼすことのないように、それぞれの裁判員に十分な発言の機会と量を与えることが大事である。その部分を見るのが本項で見る発話量分析である。非常に単純な分析ではあるが、評議の中でも最も客観的に分析ができる部分でもある。

ではさっそく、13裁判分の平均データを見ていただこう。裁判地は日本の北から南まで含まれ、事件の種類も様々である。

参加者が全部で何回話したか（の平均）を見るのが表1の「発言回数」であり、その発言回数の全体に占める割合（の平均）を見るのが「発言比率」である。一方、どれだけ話したかを調べる単位が、発された単語数（の平均）を表す「発語数」、そして発語数の全体からの割合（の平均）を表す「発話比率」である。文字数ではなく単語数で調べる理由としては、1つの単語は1つの意味を表すわけであるから、単語は意味の単位と考えられる。たとえ裁判官と裁判員が使っている単語が違っても（例えば「被告」と「被告人」）同じで意味であれば同じ単位数として計算できるため、単語数の方が文字数を数えるよりは集計のブレが少ないという利点がある。表の右端の覧にある「発語数／発言数」というのは、一発言あたり平均でどれくらい話すかということを表す数字である。また、本節ではたびたび「発話量」という用語も用いるが、これは漠然と発言比率や発語比率などのすべての指標を指すこととする。発話量を算出するにあたっては、裁判官による法律に関する説明（「説示」と呼ばれる）や議論のまとめ、判決案の読み上げ、評議の始まりと終わりを告げる発話などは除外した。これらのような裁判官が職務上せざるをえない発話を取り除くことで、裁判員と裁判官による純粋な議論の部分に関するコミュニケーションの様子を見ることができる。

1・1・1　裁判官はしゃべり過ぎ!?

まずは裁判長から見てみよう。だいたいどこの評議を見ても、進行役を務めているは裁判長である。表1を見てみると、裁判長の発言比率・発話比率共に他の参加者よりもダントツに多くなっているのが見える。つまり、裁判長は発言回数も多いし、話している量も多いということである。とはいうものの、裁判長は進行役という役割を担っている以上、これはある程度は仕方がないのかもしれない。あくまでも「ある程度は」である。一方、陪席裁判官と裁判員の発言比率はほぼ同程度である。発話比率において、両者には約1%の差があるが、それは「発語数／発言数」のところで比べてもらえばわかるように、陪席裁判官が44.8語で、裁判員が41.3語であるから、一回あたりの発語数が裁判員より多い、つまり陪席裁判官の方が1回あたりの話が長いということである。しかもその点では裁判長（44.2語）と陪席裁判官（44.8語）の間にはあまり差がない。裁判官は概して少々話が長いようである。

社会言語学では、丁寧度が高くなるほど発話が長くなるということが知られているが、筆者が

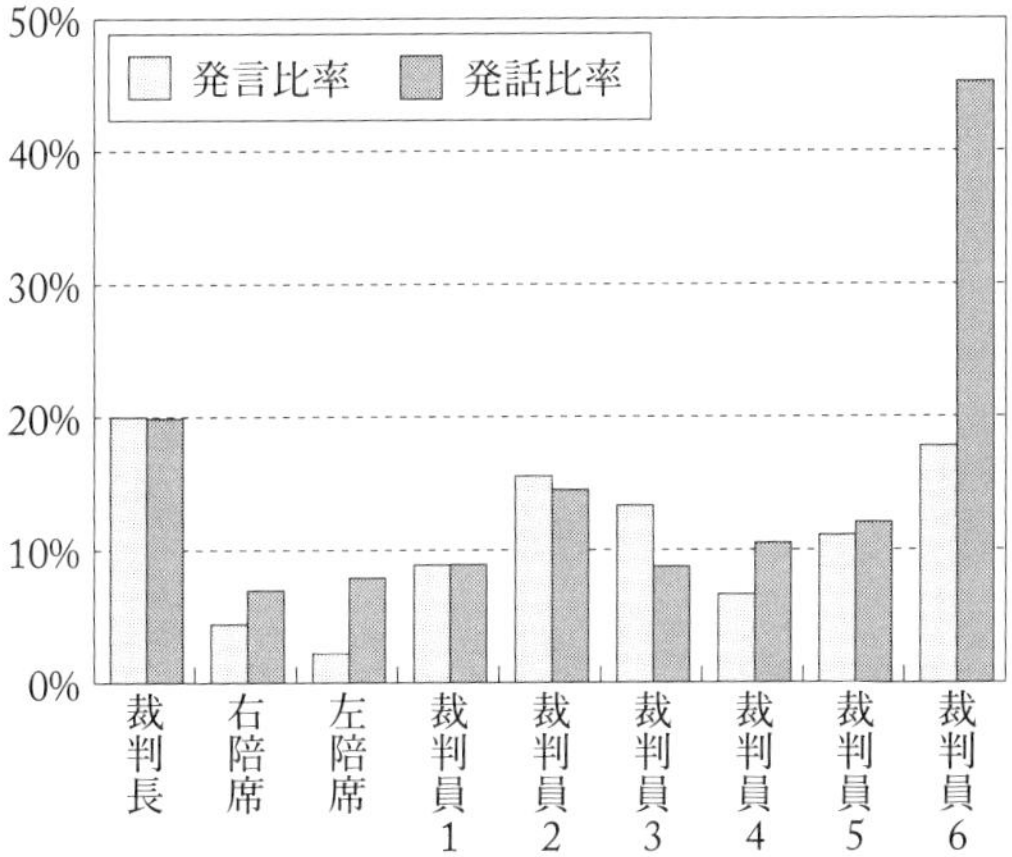

グラフ２　広報ビデオ「裁判員」発言数・発話量の比率

見ている限りでも、裁判官は裁判員に威圧感を与えないように、そしてわかりやすくなるように、かなり丁寧に話そうとしている。また、裁判官たちは、自分の意見やその理由について、かなり細かく説明する傾向がある。こういったことが裁判官はことばが多くなってしまうという理由かもしれない。無論、多くの場合は裁判員たちのわかりやすさを考えての気遣いから来るものであろうから、そういった理由であれば、少々話が長いことはそれほど非難すべきことではないだろう。

参考までに、最高裁判所がホームページ上(http://www.saibanin.courts.go.jp/)で公開している広報用ビデオ「裁判員～選ばれ、そして見えてきたもの～」における評議部分を書きとって分析し、その発言比率と発話比率を分析してみたところ次のような結果になった。

最高裁判所が広報のために作っているビデオ（日弁連と法務省も協力）であるから、そこに映し出されている評議の形態が一応、法曹三者が思い描いている理想に近い評議の形態であると推測できる。ご覧のように裁判長は大体2割程度、裁判員の発言数・発話量は1割前後である。6番は物語の主役であったため、よく話しており、発話比率については飛び抜けた数字になっているが、発言比率は他の裁判員とあまり変わらない。このビデオの分析はあくまでも余興的なものであるが、理想を考えていく上で1つの参考にはなるだろう。これをグラフ1と比べてみると、その違いは明らかである。評議は3人の裁判官と6人の裁判員で行われるので、9人いるわけであるから、単純計算で1人1割強、裁判長が進行役という立場上多めに話すだろうと考えると、広報ビデオも参考にして少々多めの20％くらいに設定したとしても、残りの8人は1人あたり10％くらいはあるというのが理想であろう。そうすると、表1の裁判員の発言比率・発話比率の7.3％という数字は、少々少なめな感じもする。

発話量の理想的な割合という観点からもう少し考えてみよう。表1の平均値を裁判官チームと裁判員チームに分けた場合、裁判官は発言比率で54.3％、発話比率で56％ということになる。一見、裁判員チームと裁判官チームで5割前後ずつ話しているのだから半分半分ということで、公平な割合に近く特に問題はなさそうに見えるが、よくよく考えてみると、人数で裁判員（6人）の半分しかいない裁判官（3人）が、発話全体の5割強を占めているわけであるから、単純に考えると裁判員の倍を裁判官たちの話で占めていることになる。1番極端な例では、裁判官チームの発話が66％を占めているところもあった。つまり裁判官だけで議論の3分の2を占めていたということである。こうなると裁判員と裁判官の発話量の差は4倍である。しかし二〇〇五年ぐらいはこのような裁判員が控えめな評議が多かったのも確かだが、二〇〇八年くらいになると裁判員たちが結構活発になってきたようだ。実際の評議ではいったいどうなるのであろうか。この調子で進めて行けるのだろうか？

このように、模擬評議を発話量で見る限り、裁判官がたくさん話す、つまり裁判官が中心になっている形の裁判体が多いと言えるだろう。もちろん、裁判官は法律のプロだから、関係者の人生を左右する重大な裁判という場面では、裁判官が議論を主導すべきという意見もある。このような裁判官と裁判員の間の発話量の差は、言語学で「制度的談話」と呼ばれる類の会話の特徴と一致する。制度的談話というのは、例えば医者と患者やコンサルタントとクライアントのような専門家と非専門家の間の会話である。制度的談話は、話者たちの立場の差を顕在化させるものでもある。立場の違いが、平等な役割分担になっていれば問題はないが、力の差になっている場合は問題である。制度的談話は、往々にして力の差として表れる。裁判員裁判では、「裁判官と裁判員の協働」が原則となっているが、実質的な両者の協働を実現するためには、法的な知識・経験において市民に優っ

表２　性差と発話量

	発言回数	発言比率	発語数	発話比率	発語数／発言数
男性裁判員	55.0 回	7.9%	2314 語	7.9%	45.7 語
女性裁判員	46.9 回	7.3%	1819 語	6.5%	40.6 語

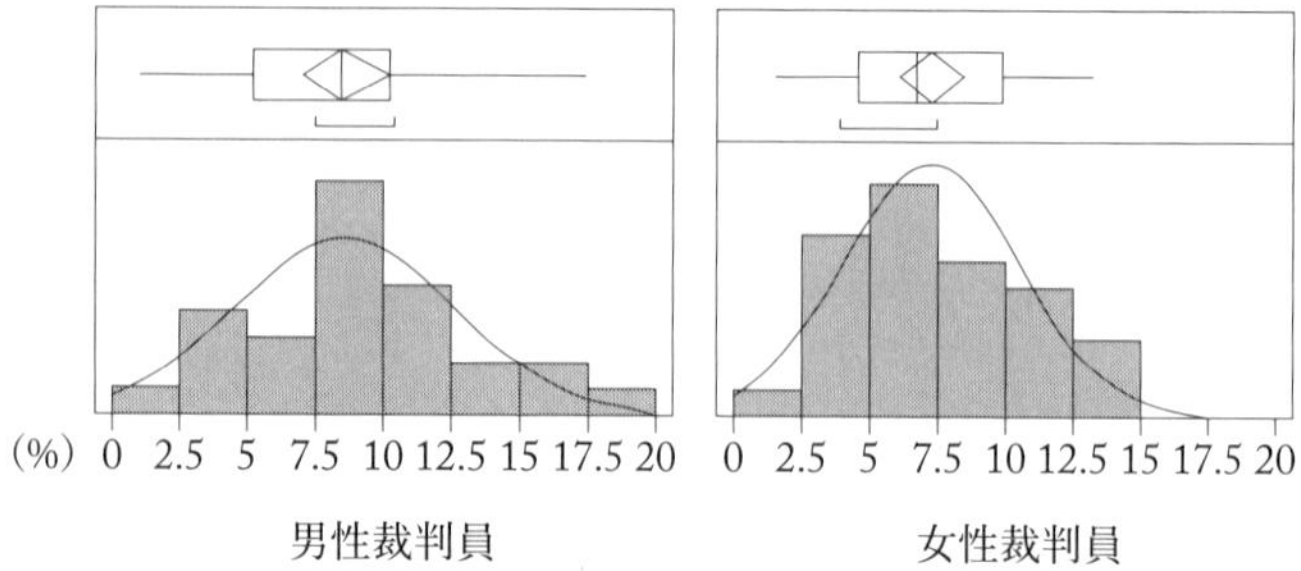

グラフ３　性差と発話比率

ている裁判官たちに臆することなく、裁判員が率直に意見が言えるように、裁判官と裁判員が「対等な立場」で議論することが理想とされている。しかし、制度的談話は、その立場の対等性とは真逆の、立場の非対等性を示す会話形式であるから、議論の活性化のための立場の対等性を実現したいのであれば、このような特徴は出ないように努力することが大事であるということになる。つまり、裁判官がしゃべりすぎないのが良いわけである。しかし、裁判官があまりしゃべらなさすぎるのも、裁判員と裁判官の協働ということにはなりにくいし、裁判員は逆に不安に思ってしまうであろう。何事も多すぎず少なすぎずというのが大事なのは、しゃべりも一緒なのだろう。

1・1・2　評議では男性の方がおしゃべり!?

次に性別による発話量の違いを考えてみよう。男性41人・女性31人分（12裁判分）のデータである。表2で男女の裁判員を比べると、発言比率・発話比率・発語数／発言数のすべてにおいて男性の方が高い。男性の方が積極的に議論に参加している様子がわかる。発言比率においてはあまり差がないが、発話比率は1.4％の差がある。発言1回あたりの発語数で、5語程度の差があることから、男性の方が少々長めに話すことがわかる。

続いてグラフ3をご覧いただきたい。これも性別と発話比率を表すもので、グラフ下部の数値が小さいほど発話比率が低く、大きいほど高いことを示すが、男性裁判員のピーク（1番長いグラフ）は7.5（％）～10（％）で、女性裁判員のピークの5（％）～7.5（％）よりも多いところにある。これもやはり男性裁判員のほうがよりも積極的に参加している方が多いことを示している。また、15％以上の域には男性のみが見られることから、すごくたくさん話す人は男性であるということが言えそうである。男性と女性の会話の場合、男性が中心となるという傾向があると、社会言語学者のデボラ・タネン（Tannen 1990）は言っているが、その傾向ともある意味合致するものと言えるだろう。

これらのグラフや平均の数値からはわかりにくいが、これまで筆者が見てきた模擬裁判では、発話率が1％台という参加者がしばしば見られたが、それらはすべて女性であった。ごく控えめな裁判員は女性が多いということである。発話量が1％ということは、単純化して言えば、議論全体の

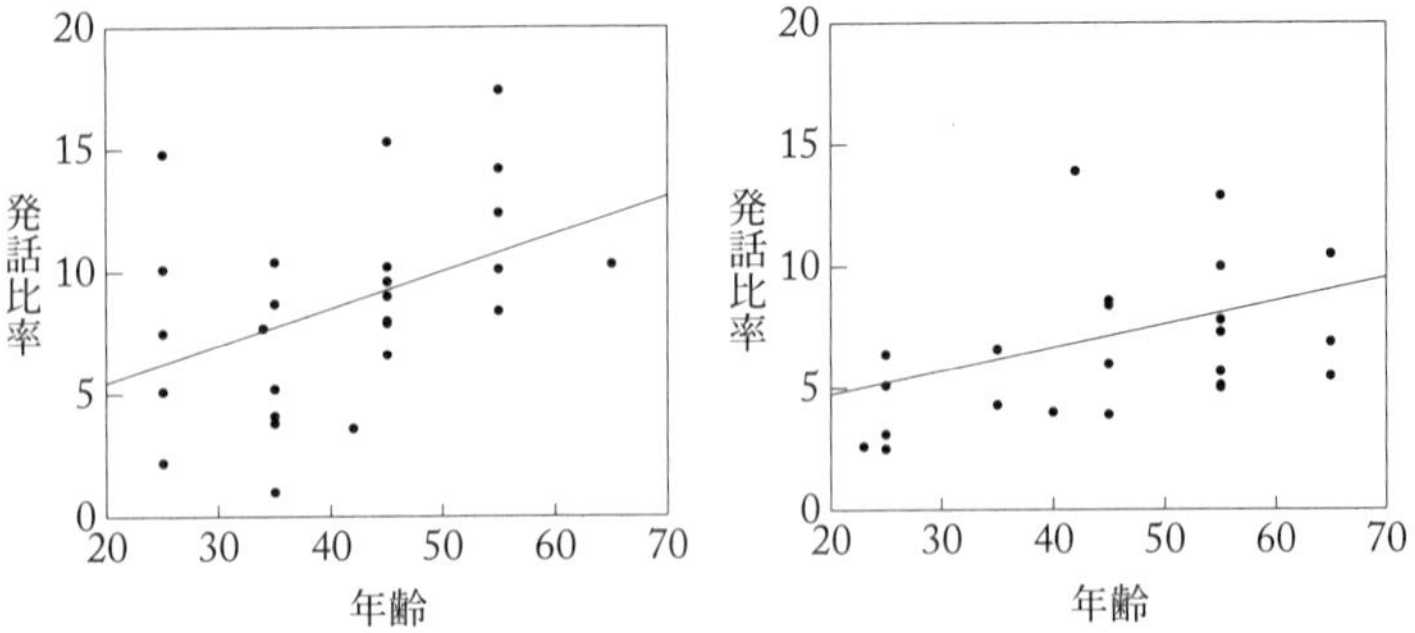

男性裁判員（27 人）　女性裁判員（23 人）

図 1　性差ごとの年齢と発話比率の相関

100分の1しか参加しない裁判員がいるわけである。中には、1%台の参加者が2人もいた評議体もあった。裁判員制度は、国民の主体的参加を謳っているわけであるが、そのような発話量の参加者がはたして主体的に参加しているかどうかは、少なくとも形態としては疑問に思える。また、1%としか参加できなかった裁判員が満足して帰るというのも想像しがたい。裁判員の発話量が少なくなる原因については後ほど議論する。

1・1・3　評議では若者は遠慮がち!?

次に、性別と年齢と発話比率の関係を考えてみる。図1は、性別と発話比率の相関を表す分布図である。裁判員の年齢については、「40代」「50代」のように、大まかな数字で提供されることが多いため、そういう場合は各年代の中間として40代であれば45歳、50代であれば55歳として計算した。したがって、正確性には少々欠けるのだが、傾向は十分にわかるだろう。データは、男性27人・女性23人の50人分である。

グラフの中央に横斜めの右上がりの線は、男性・女性どちらにおいても年齢が高くなるほど多く話すという傾向を表しており、統計的にも有意である。評議では、どちらかというと若者の方が遠慮がちということだ。また、その傾向は、男性においてより強いようだ。

以上、発話量という観点から評議の形態を見てきた。このように、裁判員の属性（年齢や性別などの特徴）によって、ある程度発話量に傾向があることがわかる。そしてその傾向を見ると、参加者の参加形態や特徴も見えてくる。無論、これらはあくまでも傾向であり、必ずそうだというわけではないが、これらの傾向を頭に入れて評議に臨むことによって、より多く参加者が主体的に参加できるように裁判員も裁判官も参加者同士、気を使い合う心構えができることを期待したい。

1・2　複線型議論

発話量に関連した分析で、話者間のやりとりまで視野に入れた、藤田・堀田（2007）で用いられているコミュニケーション・ネットワークという観点からの裁判員と裁判官のコミュニケーションの分析を見てみよう。ここでキーとなるのは、「複線型評議」という議論形態である。複線型評議とは、議論が特定の参加者の間で行われるやりとりに集中することなく、それぞれの参加者が他のいろいろな参加者とやりとりを行っている状態ができている議論形態を指す。社会心理学の研究で、議論の複線化が成功している議論は、①課題(つまり、議論する問題)の多角的な検討に優れており、②複雑な課題の解決に向いていて、③参加者の士気・満足度が高いということが言われている。

これを裁判員裁判の文脈で考えてみる。裁判員裁判では市民の感覚の反映が重要であるが、複線型議論は、多角的検討に優れている(前記①)ということは、さまざまな知識・経験を持った裁判員たちがそれぞれの視点を議論に持ち込みやすくなるということである。また、そもそも刑事事件というのは、さまざまな事情・状況のもとに起こる。全く同一の条件の事件は起きないとも言われる。特に裁判員裁判で扱う事件は重大事件なわけであるから、非常に複雑な背景・事情があることは言うまでもない。複線型議論は、複雑な課題の解決に適している(前記②)わけであるから、まさに裁判員裁判での評議に向いている形態と言える。さらに、裁判員制度導入の目的に、国民の主体的参加・司法の理解というものがあるので、参加した裁判員が、十分に参加できた、司法における判断の仕組みがよくわかったと思えるものである必要があることは言うまでもない。したがって、③のように参加者の士気・満足度が高い複線型評議が望ましいし、高い士気があれば刑事司法を積極的に理解していこうという気持ちにもなるであろう。このように、複線型評議は、多くの面で裁判員裁判における評議に望ましい議論形態であると言える。

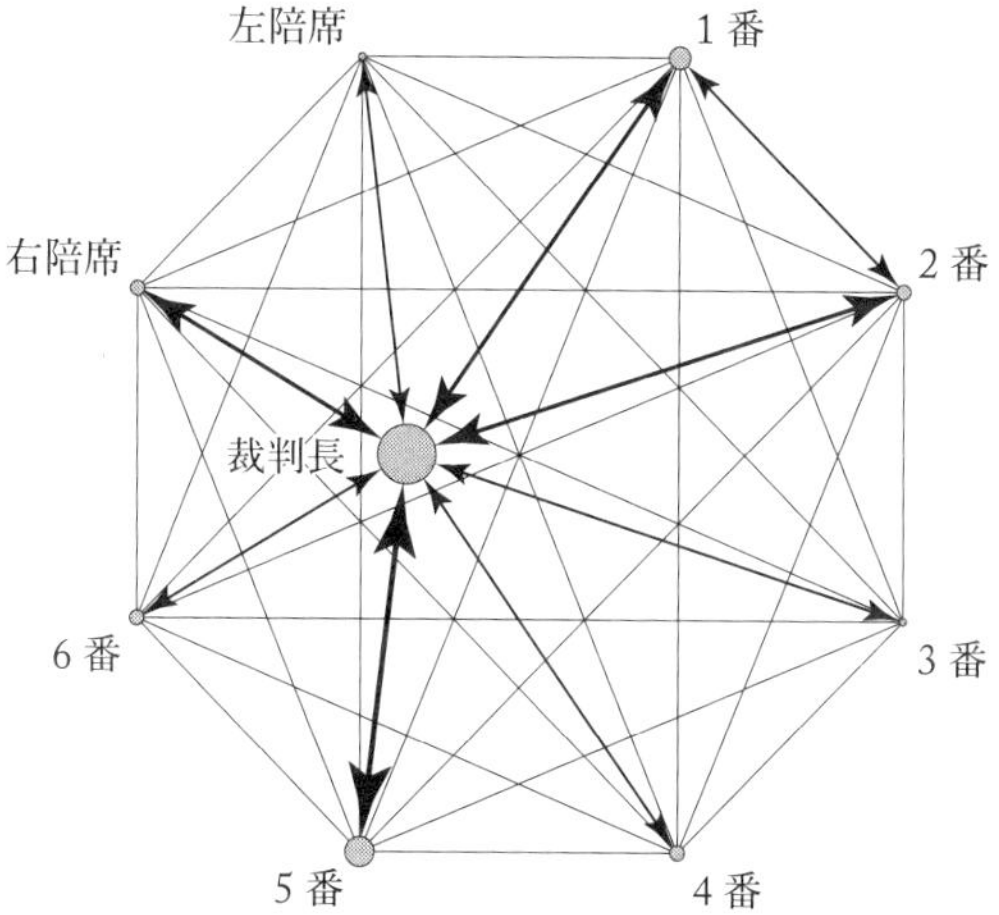

図 2–1　複線化が成功している評議体

1・2・1　目指すはダイアモンド!?

議論の複線化がうまくいっているかどうかはどうやって調べればいいのだろうか。その議論の複線化の様子を客観的にわかりやすく示してくれるのが藤田・堀田(2007)で用いられているコミュニケーション・ネットワーク図である。

図2・1は、実際に行われた模擬裁判のコミュニケーション・ネットワーク図である。この図において、丸(ノードと呼ぶ)は参加者を表し、矢印はコミュニケーションの方向を表す。線の太さと矢印の頭の大きさがその矢印が結んでいる先の相手とのコミュニケーションの量を表す。また、ノードの大きさ自体が、その参加者の全体に占める割合から算出したやりとりの量を示す。参加者の配置は実際の着席位置ではなく、複線化の様子を見やすいように裁判長を

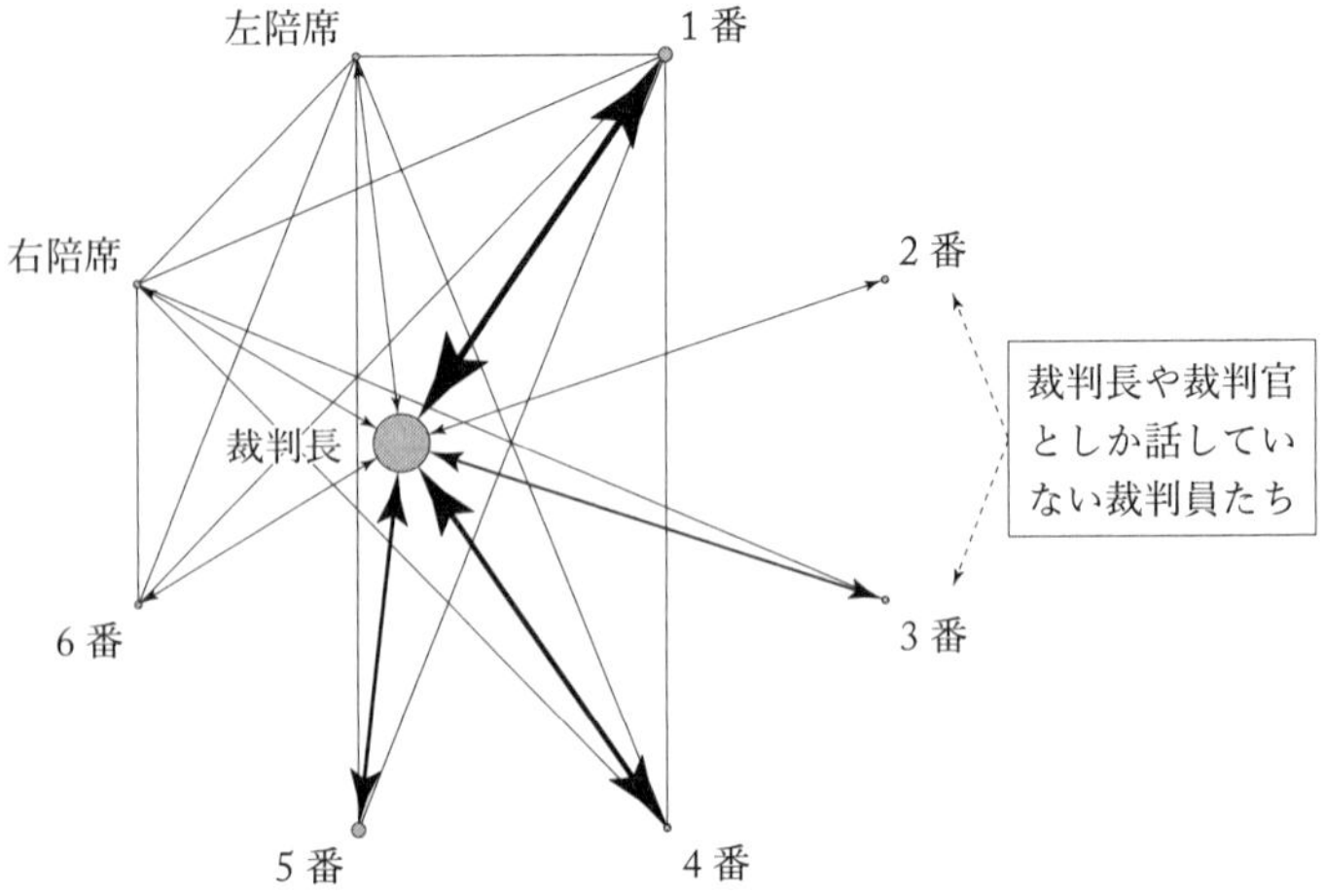

図 2–2　複線化が失敗している評議体

輪の中心にして並べかえたものである。ノードは、輪の中心が裁判長、そして輪の外側右上から時計回りに裁判員1番、裁判員2番、裁判員3番、裁判員4番、裁判員5番、裁判員6番、右陪席裁判官、左陪席裁判官を表す。この評議体では、ほぼすべての参加者が他のすべての参加者と矢印でつながっていることから、全員が他の全員とやりとりをしている様子がわかると思う。これは複線化が大成功している例である。綺麗なダイヤモンド・カットのような形をしている。また、特定の話者だけに極端に太い矢印が出ているということもない。さきほど、このように複線化が成功している議論体は、参加者の士気・満足度が高いと述べたが、実際、この評議の参加者に話を聞いたところ、非常に楽しく充実した議論ができたと、予想通りかなり高い満足度を示す答えが返ってきた。他の模擬裁判でも、複線化が成功しているところでは、軒並み裁判員の満足度が高かった。

一方、複線化が成功していない評議体については、図2・2をご覧いただきたい。こちらの裁判体では、例えば裁判員の2番と3番は、裁判官だけとしかやりとりを行っておらず、残りの4番・5番・6番の裁判員も他の裁判員とはほとんど会話をしていないことがわかる。先ほど見たダイヤモンド・カットの評議とは程遠い。また、裁判員一人一人のノードも小さいことから、あまり発言していないことがわかる。さらに、1番の裁判員と裁判長の間で極端に太い矢印が出ていることから、この評議は裁判長と裁判員1番の間でのやりとりが中心であったことがわかる。筆者は、この裁判体の意見交換会の様子も拝見させていただいたが、不平続出で、裁判員の満足度は低かった。やはり目指すはダイヤモンド・カット型の議論であろう。

一般的に、裁判官と裁判員のコミュニケーションは、「裁判官」対「裁判員」という構図に陥りやすく、裁判員同士の意見の交換というのが難しいということが指摘されている。逆に言えば、裁判員間でどれだけやりとりが行われているかということが複線化のカギとなるわけであるが、それは裁判員同士のやりとりの全体からの割合を調べると、その様子が端的にわかる。試しにその割合を調べてみると、二〇〇七年までの模擬評議では3%〜10%前後というところがほとんどであったが、二〇〇八年に入ってからは、概ね13%以上になってきている。これを見ると、議論の複線化は全体的には改善されて来ているようである。ただ、同一裁判官で二〇〇五年と二〇〇七年の複線化の度合いを比較した際、全く改善されていなかった例などもあるので、裁判官の手腕によるところが大きいのは確かだろう。

1・2・2 まるで被疑者のような裁判員!?

では、複線化を促すにはどうしたらいいのだろうか。複線化が進まない評議は、往々にして裁判長が裁判員に対して質疑応答を繰り返していくパターンが多い。まるで取調官による被疑者の取調のような「尋問型評議」あるいは「取調型評議」の形態を取っている。このような形態は、裁判官と裁判員の1対1の会話、2者での質疑応答が繰り返されていくわけであるから、当然複線化は進まない。また、次々にお上である裁判官に質問をされるというのは、もともと議論に慣れていない裁判員にとっては精神的にも負担が大きく、彼らを委縮させてしまう。

よく裁判員裁判における評議の悪いコミュニケーション形態の例として「教室型コミュニケーション」ということが挙げられる。教室型コミュニケーションとは、先生が質問し、生徒がそれに答え、先生がそれに対してコメントするという形態を指す。模擬裁判ではそういう形態も確かによく見られる。しかし、実際の評議をつぶさに観察してみると、議論が活発化していない裁判体では、やはり多くは裁判長が一人一人の裁判員に問答を繰り返していく尋問型・取調型評議で進む形態で行われており、教室型コミュニケーションでいう「質問⇒答え⇒コメント」の流れでいう「コメント」の部分は必ずしも出てくるわけではない。

逆に複線化が成功している評議によく見られる特徴の1つとして、各参加者の一発言あたりの発語数が少ないということが挙げられる。つまり、発言が短いということである。そして、話す順番が変わるテンポが良く、2人以上が同時に発言し合うということも頻繁に起きる状態になっている。私たちが普段の会話で話が盛り上がっているときなどはまさにこういう状況だろう。

1・2・3　共同作業感覚が大切!?

こういった活発な議論が起こっている状態は、参加者の間で作業に対する集団の一体感、つまり「共同作業感覚」が生じている場合に起きやすい。例えば、事件の再現シーンを裁判員と裁判官で演じながら考えているとき、何かを探しているときなどは場が一体になっていることが多い。例えば文化祭の準備やコンテストなどに向けて何か練習や準備をしているときに、よりよい結果に向けてみんなで「ああしたらいいんじゃない」、「こうするのはどうかな」といろいろ意見を活発に出しながら作業をしていた経験がある方も多いのではないかと思う。そうやってグループが丸となって何かに向かって頑張っていると、自然と共同作業感覚が生まれ、おたがいの心理的距離感が縮まって、普段話したことがないような人、話しにくい人ともコミュニケーションがとれるよう

になったりする。この共同感覚を評議の中で頑張って醸し出していくのが進行役の裁判官、そして対等の立場の参加者である裁判員の役目であろう。

共同作業感覚を生み出すには小さい努力の積み重ねが大事である。例えば、ビジネス・ミーティングのコンサルティングなどを専門にしている国際プレゼンテーション協会理事長の八幡紕芦史氏は、会議で使う長机をコの字型やロの字型に並べるよりも、円卓のように座っている人同士がつながったテーブルの方が共同作業感覚が生まれやすくて会話がはずむと言う。また、物理的距離は心理的距離とある程度まで比例ということもよく言われていることである。

また、みんなでああだこうだ言いやすい話の種を提供するのも大事だろう。例えば、席を立って状況の再現などを行うというのは共同作業感覚が生まれやすい。体を動かさずとも、みんなが乗ってきやすい話の種を振るというのも手だろう。女性の裁判員が多い評議で、女性特有の動作や持ち物や衣服に関する話題について検討する際に、女性裁判員たちが自らの経験や感覚を活かして活発に議論しているのを見たことがある。例えば、ハイヒールを履いたときの感覚、転びやすさなどは女性でないとわからないし、そういう話題は発言しやすい。

限られた時間の中で評議を進めて行かなければならないので、論点以外のところを話の種として議論に持ち込むのは難しいだろうが、その論点の投げ込み方を工夫することによって、共同作業感覚が生まれやすくなるはずである。論点が無理なら、例えば、法廷でどんな証拠が出ていたかを確認するときにも、裁判長はつい陪席裁判官に資料を探すのを任せてしまいがちだが、裁判員たちに探してもらうというのも1つの手だろう。裁判員に作業をしてもらうことで、裁判員の方も「審理に加わっている」という感覚が生まれやすくなる。

裁判官は、裁判員を「お客さん」として扱いがちだが、裁判員も同じ事件を共に考えていく「同志」であるという感覚を持つことも共同作業感覚を生み出す上で重要である。また、裁判員にも裁判官は同志であることを意識してもらうことが大事である。無論、人間相手の作業であるから、絶対確実という方法はないだろうが、いろいろな方法を検討し、手札として用意しておく必要が裁判官にはあるだろう。同様に、裁判員の方で何か思いつけば、それを提案してみるのも大事である。

裁判員裁判は、市民と裁判官で作っていくもの。それが、真の国民の「主体的参加」だと筆者は信じている。

1・2・4　ウチのことば・ソトのことば!?

議論の潤滑油として、参加者がどういうことばを使うかということも大事である。自分の心のなわばりの内側と外側とを分けて考えたときの「内側」、例えば、家族、仲間、友人、同じ地元の人と話すとき、あるいは改まらない席・場面等で話すときのことばというのは、地元の方言や俗語なども交じった自分の普段着のことばであることが多いだろう。こちらを「ウチのことば」と呼ぶとしよう。一方、公の場やお堅い状況で使う敬語や丁寧語あるいは方言に対しての標準語のような、少々よそ行きのことばづかいを「ソトのことば」と呼ぶとすれば、裁判員にとって話しやすいのは「ウチのことば」であろう。

ことばの距離は、心の距離を表す。例えば、小学生の友達同士で、普段はウチのことばで会話をしている子たちも、ケンカが始まると「やってません。」「やりました。」のように、急に丁寧なことばでやりとりを始めるのを見たこと、あるいは自ら経験したことがあるだろう。普段は友達同士なのでウチのことばだが、ケンカが始まった途端、相手との気持ちが遠ざかる、あるいはわざと遠ざけるためにソトのことばに変わるのである。議論の複線化を成功させるにはやはり、参加者の心の距離が大事なので、裁判官たちが自らウチのことばを使うなど、裁判員がウチのことばで話せる状況を作り出してくれると複線化も進むだろう。

1・2・5　方言のチカラ!?

ウチのことばの例として、方言が挙げられる。最近、方言が注目されている。方言に関する本も次から次へと出版され、方言カルタなるものまでが各地で売り出されている。プチ方言ブームといったところであろうか。かつては生活のすべてが方言で行われていたが、教育とメディアの発達で、みな共通語（標準語）と方言を使い分けるようになってきた。となると、共通語さえあれば十分に生活できるのになぜ方言が使われるのだろうか。その理由として、方言研究者の小林隆教授が次の2つの方言の積極的な役割を述べている。方言には「同一地域社会に属する親しい仲間同士であることの確認の役割」と「その場の会話を気取らないくだけたものにしたいという意思表示の役割」があるという。前者の役割は、心の距離を縮め、場の一体感・共同作業感覚を生み出すのに役立つし、後者の役割はリラックスして意見を言いやすい雰囲気を作り出すのに役立つ。まさに裁判員裁判での評議で議論を活性化させるには、持って来いの役割を方言は担えると言えるだろう。

筆者が見た各地の模擬裁判でも、方言が多用されていた裁判体というのは、参加者の発言と複線化が活性化される傾向があった。例えば、平成17年以降に行われた6地裁における9回分の評議における裁判員同士のやりとりの割合の平均は9％強であったが、関西で行われたとある模擬裁判では方言が飛び交い、裁判員同士のやりとりは全体の18％を超えた。（二〇〇八年一月一三日　産経新聞「【裁判員制度】続く試行錯誤　「分かりやすさ」目指し方言で議論も」）やはりウチのことばの方が話しやすいのである。

裁判官は、全国いろいろなところを転勤させられるので、なかなかうまく地元の方言を話す裁判官がその地域の裁判所に配属されて事件を担当するようにはならないが、ウチのことばというのは方言だけに限られないわけだし、少なくとも参加している裁判員が、できるだけ普段着のことば、ウチのことばで話しやすくできる環境を作り出す努力を裁判官と裁判員の両方がしていくことが大事だろう。

以上ここまでの議論を簡単にまとめると、「取調型評議にしないこと」と「共同作業感覚」と「ウチのことば」が評議での議論の活性化（裁判員の発話量の増加と議論の複線化）には効果的である。これを裁判員裁判における評議の中で実現していくのは、裁判官が中心となるであろうが、先ほども述べたように、議論の複線化をうまくできない裁判官もいるようである。評議では、裁判官と裁判員は対等の権限を持っていることが前提とされているわけだし、ぜひ裁判員となった市民のみなさんも、裁判官に頼らずに自ら頑張って「共同作業感覚」と「ウチのことば」を持ち込んでいただいて、一緒に良い評議を作っていただきたいと思う。

1・3　発話行為からみた裁判官と裁判員の役割

議論の形態の最後の分析として、発話行為という観点からの分析を見てみたい。発話行為とは、コンテキストの中の言語使用を扱う語用論と呼ばれる言語学の一分野における重要な概念の1つである。ことばを話す・使うということは、通常、何らかの行為になる。例えば、私がこうして今書いていることも、読者のみなさんにことばを使って「説明」するという行為を成しているし、「止まりなさい！」という発話は「命令」という行為であり、「ごめんなさい。」と口に出して言うことは、「謝罪」という行為である。こういった、ことばを発することによって遂行される行為を発話行為と呼ぶ。

発話行為は、細かく見ていけば、実に多種多様だが、ここでは評議という議論の場において用いられる発話行為を筆者と政策研究大学院大学の藤田政博准教授と桃山学院大学の橋内武教授で検討し、次の27類型にまとめた。

〈発話行為のリスト〉

1．命令・指示・要請、2．行為依頼、3．発話指名、4．論点の確定・まとめ、5．発言への感想・評言、6. 許可、7. 自由発話要求、8. 指摘、9. 確認・詳細追求、10. 質問(Open)、11. 説明(法律)、12. 説明(事実・証拠)、13. 提案、14. 質問(Yes/No; 二択)、15. その他の質問、16. 相槌・復唱、17. 他者の発言への補足、18. 反対・別視点の提示、19. 宣言、20. 謝罪、21. 意見(主張)、22. 自己の発言への補足、23. 引用、24. 同調、25. 応答(叙述的)、26. 応答(肯定/否定)、27. その他

いくつかの発話行為類型は説明が必要だと思うので、説明しておこう。5の「評言」というのは、直前の話者の発話内容に対する評価やコメントを述べる発話行為を指す。10の「質問(Open)」とは、「はい・いいえ」の形では答えられないタイプの質問を指す。英語の5W1H(what, why, when, where, which, how)で聞かれるような質問で、例えば、「~についてはどう思いますか?」という質問は、「はい・いいえ」では答えられず、基本的には文で答えなければならない。25の「応答(叙述的)」というのも同様に、質問や発言の要請に対して行われた発言のうち、単語や「はい・いいえ」だけではなく、文のように比較的長い形で答える発話を指す。11の「説明(法律)」は、法律に関する説明なので、評議では裁判官の専売特許みたいな部分があるだろう。このように、これらは一般の会話における発話行為とは多少異なるものもあるし、これらが評議におけるすべての発話を行っているとは思えないが、評議に見られるほとんどの発話行為はカバーできていると思わ

れる。発話行為を調べると、それぞれの参加者が議論の中で何をしているのか、どういう役割をしているのかが見えてくる。

さきほど述べたように、実際の分析に使用した法曹三者合同模擬評議の内容を公開することは制限されているため、代わりに最高裁判所が公開している広報ビデオ「裁判員〜選ばれ、そして見えてきたもの〜」を利用して、参考までに上述の分類を用いてどのように分析を行ったかをご覧いただきたい。（墨付括弧【　】は発言者を表す）

0001:【右陪席】一日目の裁判を終えた感想はどうですか。［質問（open）］
0002:【裁判員４番】本物の裁判ですから、テレビとは違って緊張のしっぱなしで。［意見］
0003:【裁判員６番】正直に言うと、有罪か無罪かを決めなければならないような難しい裁判じゃなくて、内心、ホッとしています。［意見］
0004:【裁判員２番】そうよね。被告人は犯行を認めてて、自首してて、証拠もあるんだから、合理的疑いはないってことよね。［他者の発言への補足］

１・３・１　裁判長は聞き上手!?

さて、裁判長や陪席裁判員、そして裁判員は評議の中でどんな感じで議論をしているのだろうか？これを見るために、さきほどの発話行為のリストにしたがって、裁判長・陪席裁判官・裁判員に分けて、6つの法曹三者合同模擬裁判におけるそれぞれの発話行為を何回行ったかを集計し分布を調べたのが図3である。（対応分析と呼ばれる。この図は、立命館大学言語教育情報研究科の中村純作教授にご自身が作成されたFrequency Analysis Tool Kitというプログラムを用いて作成してもらったものを基にしている。）

図3で太い点線の丸が各参加者を表し、細い実線の丸が発話行為を表す。太い点線の丸に近いところにある細い実線の丸がそれぞれの参加者に特徴的な発話行為となる。2つあるいは3つの参加者間にある発話行為は、それらに共通の発話行為となる。円の大きさが頻度を表す。それぞれの円が近ければ近いほど似た分布であるということになる。この分析によって、評議の参加者がそれぞれどのような役割を演じているかがわかる。

ではさっそくみていこう。図3の裁判長(右下)が表れているあたりを見てみると、「論点の確定・まとめ」「命令・指示・要請」「発話指名」「自由発話要求」などが表れており、これらが裁判長に強く特徴的な発話と言える。また、他にも図3の太めの点線Bの右側に表れているこれら以外の発話行為が、裁判長が行う傾向がやや強い発話行為と言えるが、「許可」「(直前の発言内容の) 確認・詳細追求」「発言への感想・評言」「指摘」「宣言」「行為依頼」「質問」「相槌・復唱」などが表れている。これらは、進行役という役割ならではの発話行為が集中していると言える。裁判長が議論の

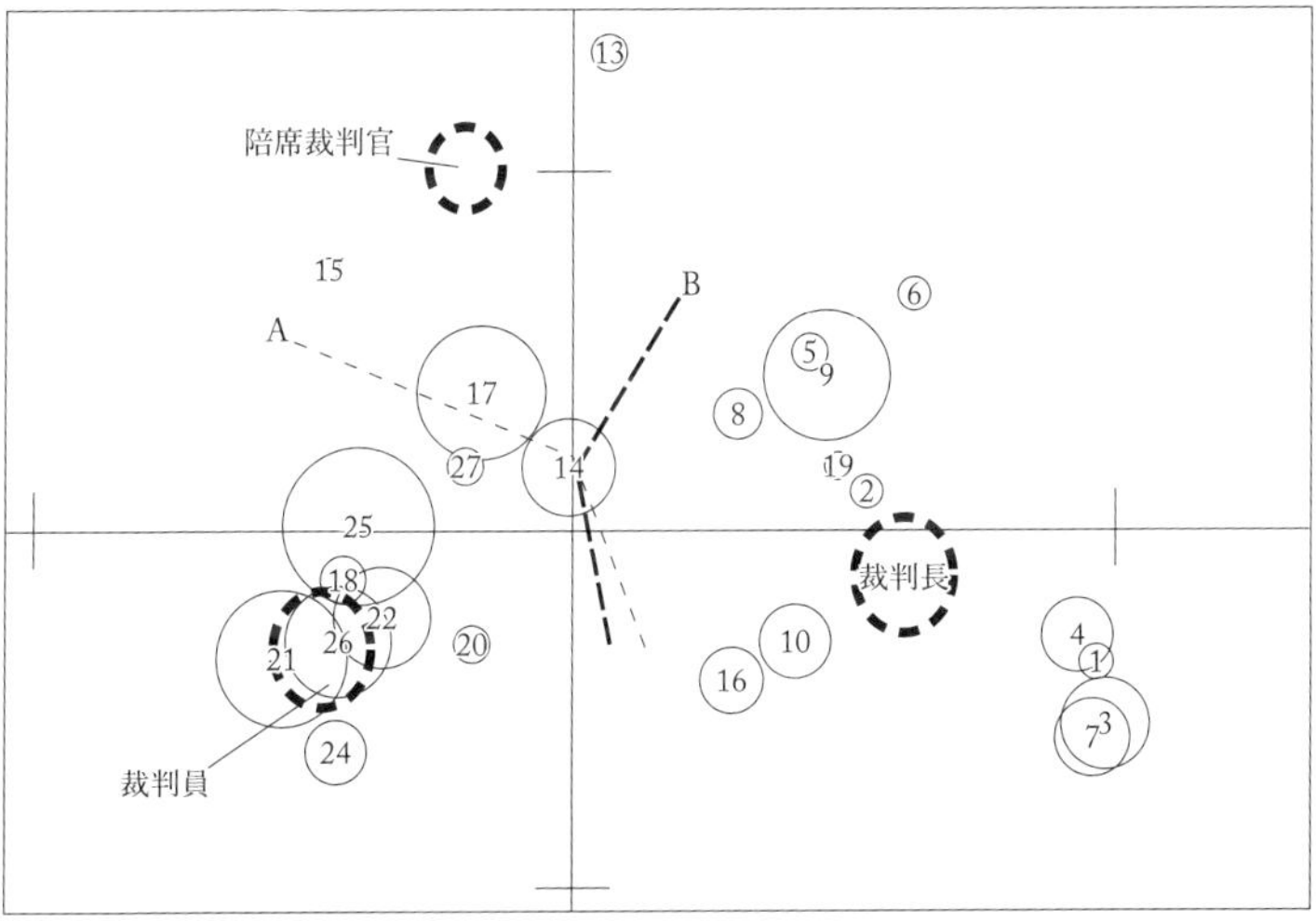

1. 命令・指示・要請
2. 行為依頼
3. 発話指名
4. 論点の確定・まとめ
5. 発言への感想・評言
6. 許可
7. 自由発話要求
8. 指摘
9. 確認・詳細追求
10. 質問(Open)
11. 説明(法律)
12. 説明(事実・証拠)
13. 提案
14. 質問(Yes/No; 二択)
15. その他の質問
16. 相槌・復唱
17. 他者の発言への補足
18. 反対・別視点の提示
19. 宣言
20. 謝罪
21. 意見(主張)
22. 自己の発言への補足
23. 引用
24. 同調
25. 応答(叙述的)
26. 応答(肯定／否定)
27. その他

図３　発話行為：発話行為類型ごとの分布

進行役に徹している様子がうかがえる。一方、「意見」などは表れておらず、裁判長があまり意見は言わない様子が見て取れる。裁判長は、発話量から見るとたくさんしゃべっていたが、役割としては「聞き上手」と言えるかもしれない。

しかし、裁判長も裁判員や他の裁判官と同じ重みの1票を持った参加者であるわけであるから、理想的には、聞き上手に徹せずに裁判員と同様に意見を述べてもらいたいところだ。しかし、現実には、裁判長の一言は、裁判員には非常に重く響くようであるから、バランスを取るのが難しいだろう。裁判長は、本当に大変である。

1・3・2 陪席裁判官は謙虚!?

引き続き図3を見ながら進めていくが、陪席裁判官の特徴としては、「提案」という発話行為が表れている。加えて、少々弱めの傾向として図3の細めの点線Aの上に「その他の質問」も表れている。「他者の発言への補足」は、裁判員とを分つ点線A上にあるから、裁判員と共有する特徴的発話行為ということである。裁判官が裁判員の意見に乗る形で意見を補足していくことが模擬裁判でよく観察されるが、その様子を表していると考えられる。特徴的発話行為の数が他の参加者に比べると少ないのもこの図から見える陪席裁判官の特徴である。非常に謙虚に参加している様子が見て取れる。

陪席裁判官が評議でどういう役割を演じるべきかということについては、いろいろと議論を呼ぶところである。ホワイトボードに張り付いてメモを取る係に徹する者、パソコンで記録に努める者などは往々にして議論に参加しないことが多いし、議論に参加していても、裁判員の意見の聞き手に近い形の陪席裁判官が多い。また、裁判員に話させてあげたい、裁判員の意見に影響を与えないようにしたいと気遣うあまり、陪席裁判官は遠慮がちになってしまっているとも思われる。もちろん、裁判官が積極的すぎると裁判員は遠慮してしまうので、それも問題であるが、少なくとも陪席裁判官も裁判員と対等の1票を持った参加者なのだし、裁判官の意見で議論が活発化することもあるだろう。また、裁判員の意見に影響を極力与えないようにする言い方もあるだろう。理想を言ったらきりがないのかもしれないが、裁判員と裁判官が議論を尽くして判決を出すことが原則なわけであるから、もう少し積極的に意見を述べてもいいのではないだろうか。

1・3・3　裁判員と陪席裁判官は似ている!?

では、いよいよ裁判員の参加形態を見てみよう。裁判員（図3のAの点線の左側）は「意見」「応答」「同調」「反対・別視点の提示」「自己の発言への補足」といった発話行為が特徴的なものとして表れている。これらは、発話行為としては比較的自発的ではないものが多く、裁判員は議論のダイナミクスや他人の行為や参加容態に影響を与える発話行為が少ない参加形態ということがわかる。

興味深いことに、「謝罪」も裁判員の特徴的発話行為として表れているが、これは裁判員がなんとなく自信なさげに評議に参加している様子を表しているのだろう。

また、この発話行為の分布を図3のBの点線の左側を見ることで、これまで議論してきたような裁判員対裁判官という構図に加え、裁判長対その他の参加者（陪席裁判官と裁判員）という関係も見えてくる。裁判員と陪席裁判官の発話行為の分布は、比較的似ており、どちらかと言うと受け身な発話が多い。両者の発話行為の分布の類似性は、図4からも明らかになる。

図4の右が裁判員で左が裁判長、真中が陪席裁判官の発話行為の分布である。バブル（丸）の大きさが、それぞれの参加者（縦軸）の各発話行為（横軸）の割り合いを示す。それぞれの参加者の発話行為の分布を比べてみると、「意見」「応答」「質問」「自己の発言への補足」「他者の発言への補足」など、バブルが比較的大きく表れている発話行為のほとんどが陪席裁判官と裁判員で同じであることがわかるだろう。このように陪席裁判官は、発話行為という観点から見ると、裁判長よりは裁判員に近い形態で参加しているということが見える。これは、正直かなり意外な結果である。

かつては、裁判官チームと裁判員チーム、つまり専門家チームと素人チームのような形に陥ってしまい、裁判員が意見を言いにくくなってしまう、裁判官に同調しがちになってしまうということが懸念されていたが、裁判官チームというはっきりとした形は、発話行為を見る限りは出ていない。裁判員と陪席裁判官が比較的近い参加形態をとっているということは、裁判員と陪席裁判官が対等

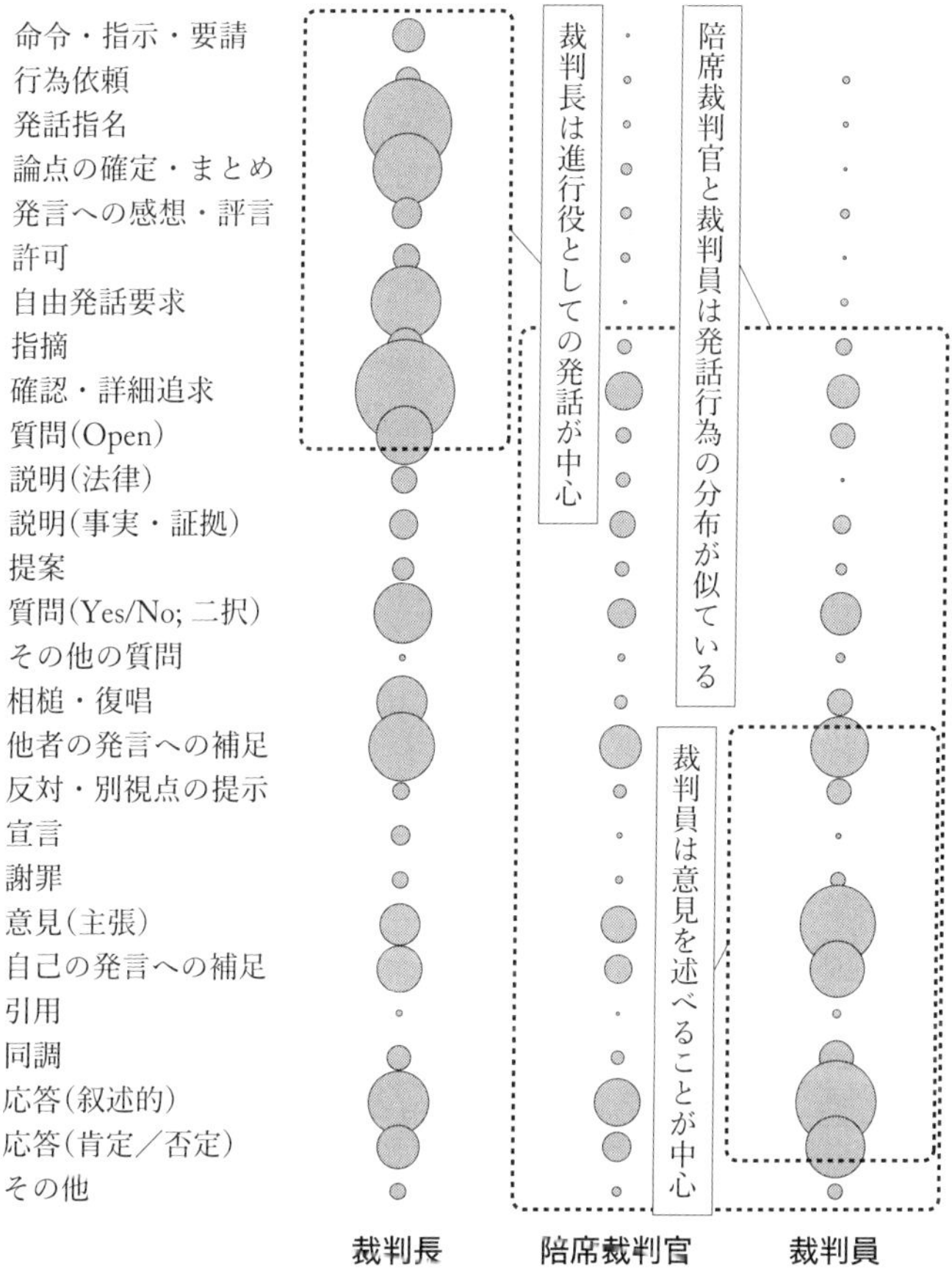
命令・指示・要請
行為依頼
発話指名
論点の確定・まとめ
発言への感想・評言
許可
自由発話要求
指摘
確認・詳細追求
質問(Open)
説明(法律)
説明(事実・証拠)
提案
質問(Yes/No; 二択)
その他の質問
相槌・復唱
他者の発言への補足
反対・別視点の提示
宣言
謝罪
意見(主張)
自己の発言への補足
引用
同調
応答(叙述的)
応答(肯定/否定)
その他
裁判長は進行役としての発話が中心
陪席裁判官と裁判員は発話行為の分布が似ている
裁判員は意見を述べることが中心
裁判長
陪席裁判官
裁判員

図４　発話行為

に議論をしており、真の協働という目標に近づいているという解釈も可能であるし、裁判員が比較的受動的な参加形態が多いのと同様、陪席裁判官も受動的な参加形態をしているに過ぎないとも考えられる。実際の模擬裁判を観察している限りでは、正直、後者の方が的を射ている感じがする。

1・3・4 裁判員を受け身にさせているのはやっぱり裁判官!?

この発話行為からの分析は非常に汎用性が高く、切り口次第でいろいろな分析ができる。例えば、裁判員の受け身な参加、つまり受動的な発話行為が多くなってしまう要因として、裁判官の「評言」「論点のまとめ」「指摘」「確認・詳細追求」「別視点の提示」の多さに非常に高い相関があることも示せる。

図5は、裁判員の「応答」や「同調」などの受動的発話の多さと裁判官の「評言」「論点のまとめ」「指摘」「確認・詳細追求」「別視点の提示」の多さの相関図である。図5・1がAからFの6グループ分の相関図で、図5・2が図5・1でハズレ値（統計の用語で統計結果に影響を与えてしまう極端に特殊なケースで、より信頼性の高い結果を得るために通常は除外されるべきもの）のように見えるGroup Dを除いた5グループでの相関を見たものである。両者とも0.9以上（1.0が最高値）の高い相関を見せている。つまり、裁判官が、裁判員の言うことにいちいちコメントしたり、内容を細かく質問したりすることが多い評議では、裁判員は受け身になりがちということである。裁判員

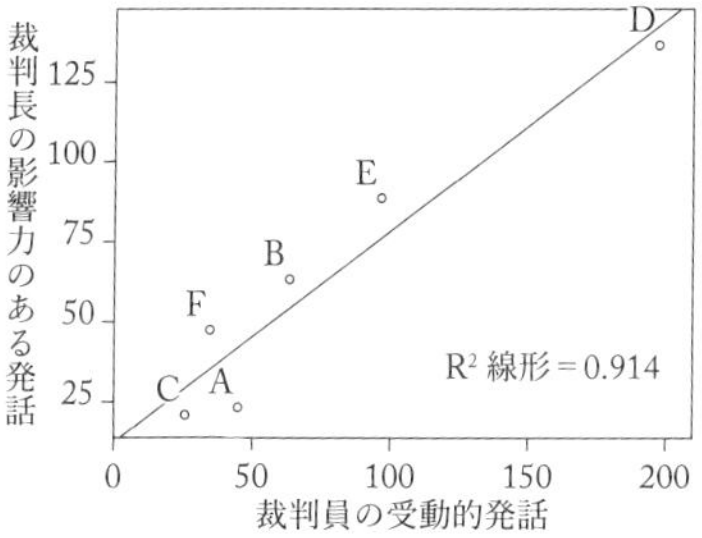

図5–1

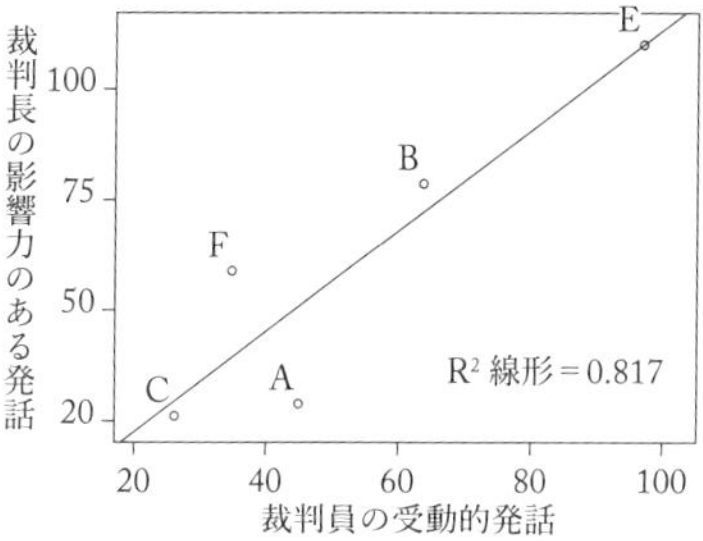

図5–2

が能動的・主体的に参加することを難しくしてしまうということである。

また、複線化との関連で行くと、議論の複線化を阻害する要因として、「確認・詳細追求」や「発話指名」など聞き手の応答・反応を強いる発話行為が多い評議ほど複線化がうまくいっていないという相関を統計的に導き出せる。こういった聞き手の応答・反応への拘束性が高い発話行為、つまり話しかけられた人が答えなければならない発話行為は、発話する人間と聞き手の2者の会話に陥りやすく、それが続けば複線化の度合いが下がってしまう。前項で述べた「尋問型評議」「取調型評議」になってしまうわけである。参加者の誰もが自由にいつでも発言できる状況にあって初めて複線化が進むわけであるであるから、この議論形態は必要最小限に抑えたい。

評議ごとにこのような集計をしていけば、その裁判がどういうダイナミクスで進行していたかが見えてくる。このように、この分析モデルは、調査したい現象に応じて関連する発話行為を調べていくことで、いろいろ応用ができるのである。

1・4　裁判官の発話と裁判員への影響

裁判員制度導入の趣旨の大きな柱として、「市民感覚の反映」というのがあるが、それを実現するためには、裁判員が裁判官の意見に影響されることを最小限に抑えることが大事だと言われている。法曹三者合同模擬裁判が開始された当初は、裁判官によるあからさまな説得が見られ、かなり非難を浴びたこともあって、最近ではそういう形の説得は見られなくなった。筆者が着目するのは、そういう説得ではなく、裁判官が（そして裁判員も）意識していない説得である。一般的な感覚からは、意識していないのならば説得とは呼ばないのではないかと思うかもしれないが、心理学的にはこういった「影響」も「説得」に分類される。話し手の影響によって聞き手の態度・意見が変われば説得となるのである。本項では、専門家である裁判官によって非専門家の裁判員の思考・判断が影響（説得）を受けてしまいがちな発話行為について考えてみる。また、その中で裁判員裁判での評議の会話のパターンの特殊性も明らかにする。

1・4・1　裁判員は面子を守りたい⁉

本項での議論を進めるにあたって、理解しておいていただきたい言語学でよく用いられる2つの概念がある。「発話行為」と「フェイス」という概念である。オースティン(Austin 1965)は、発話をすること自体を「発言行為(locutionary act)」(「発話行為」と訳されることが多いが、前項の「発話行為(speech acts)」と区別するために、ここでは「発言行為」とする)、約束、命令、依頼などのように話し手の意図で発話によって実現される行為を「発話内行為(illocutionary act)」、そして発話の作用、つまり発話によって引き起こされる行為を「発話媒介行為(perlocutionary act)」と区別した。例えば、強盗が「手を挙げろ」と言ったとする。この場合、「手を挙げろ」という「発言行為」が、「命令」という「発話内行為」となっており、さらにこの発話を聞いて聞き手がおびえれば「発話媒介行為」になるわけである。

ブラウン＝レビンソン(Brown & Levinson 1978)によれば、フェイス(face)には、「否定的フェイス(negative face)」と「肯定的フェイス(positive face)」の2種類がある。否定的フェイスとは、「他の人から邪魔されずに自由に行動したいと思う欲望」を指す。例えば、人は、指図、命令、頼みごと等をされることを避けたいと思っているということである。一方、肯定的フェイスは、「好意的に思われたい、誉められたい、受け入れられたいという欲望」を指す。人間は、コミュニケーションにおいてこれら2つの「フェイス」を脅かすこと、脅かされることを避けようとする。例えば、馬鹿にすること、軽蔑、非難、批判、反対等をすることは聞き手の肯定的フェイスを脅かす行為になるわけである。このようなフェイスを脅かす行為をFTA（Face Threatening Act）と呼ぶ。人間はコミュニケーションの中で、できるだけFTAを避けようとし、避けられない場合は最小限に食い止めようとする。フェイスは、「メンツ」や「顔」と訳されることもあるが、そちらの方がイメージが湧きやすいだろうか？

評議という専門家と非専門家が対話する場面・コンテキスト、すなわち発話量の項で触れた「制度的談話」とよばれる状況では、話し手と聞き手の間で発話内行為（話し手が意図した行為）のズレが起きやすい。例えば、裁判官がただ意見を述べただけなのに、それが指摘や評言のように裁判員に感じられてしまうような場合である。こういったズレは、話し手・聞き手間の力関係によって起こってしまうと考えられる。そして、このようなズレが、最終的に裁判官による裁判員の意見に影響を与えること（発話媒介行為、発話によって引き起こされる行為）につながる発言行為になるのである。このメカニズムを本項では詳しく説明していく。

繰り返すが、裁判員の思考・判断が影響を受けてしまう裁判官の発話行為は、必ずしも裁判官が裁判員に影響を与えようと思ってやっているわけではないというところに注目していただきたい。このように情報の与え手が意図せずに受け手に影響を及ぼす現象を、心理学で「無意図的影響」と呼ぶ。無意図的影響には、以下の6つの類型がある。

社会的促進：他者の存在による作業の促進
傍観者効果：誰かがやるだろうという心理
社会的手抜き：各人の作業量の低下
漏れ聞き効果：偶然聞いた情報に影響される
行動感染・モデリング：周囲の行動パターンの模倣
情動感染：他者の感情状態が感染

（今井 2002）

裁判官から裁判員への無意図的影響と特に深い関係があるのは、「行動感染・モデリング」で、これは、周囲の行動パターンに倣おうとすることから起こる影響である。

また、この影響は、評議においてはさらに「規範的影響」と「情報的影響」という2つの類型に分けられる（Deutsch & Gerard 1955; 榊 2002）。「規範的影響」とは、集団からの承認・称賛を求め、制裁を避けたいという動機から集団規範に合った態度や行動をとるようにさせる影響を指す。つまり、長いものには巻かれろ的に多数派に合わせようとさせる影響である。「情報的影響」とは、他者や集団の意見や行動を正しいものとして受け入れ、それに合った態度や行動をとるようにさせる影響を指す。つまり、正解と思われるものに合わせようとさせる影響のことである。規範的影響は、部分的に肯定的フェイス（好意的に思われたい、受け入れられたいという欲望）の概念と重なっていることに注意していただきたい。情報的影響も、少なくとも評議というコンテキストでは、さきほど説明したフェイスが脅かされる行為（FTA）と切っても切り離せない。したがって、情報的影響も規範的影響も、フェイスが脅かされるのを避けるために起こす行動ととれる。つまり、メンツを脅かされたくないので取る行動と言えるのだ。これについてもう少し詳しく考えてみよう。

規範的影響とFTAの関係については、周りの意見と合わせることによって自身の肯定的フェイスが脅かされるのを避けようとするから起こるのが規範的影響と言える。情報的影響とFTAの関係についてはもう少し状況が複雑である。裁判官が裁判の専門家という立場上、彼らの述べることが評議というコンテキストにおいては、その集団においてあるべき方向性を示しているもの、正しいものと裁判員に受け止められやすい。裁判官と違う意見になるのは、「間違い」と受け止められがち（実際に裁判員役を経験した人からもこれが気になったという声がある！）なため、裁判員の肯定的フェイスを脅かすことになる。人間は、できるだけFTAを避けるように行動するわけであるから、評議というコンテキストでは情報的影響が起こりやすいということになる。簡単に言えば、裁判員は自分のメンツを守るために意見を裁判官や多数派に合わせるということである。

また、裁判・評議というコンテキストでは、裁判官が裁判員に対して違う意見を述べればFTAになってしまうのはもちろん、裁判官が（無意図的に）設定したその集団の「規範（正しい立場）」と反する意見を裁判員が述べることによって、相手ではなく裁判員自身のフェイスを脅かす行為になってしまう。多数派と違う意見を述べる場合も同様である(規範的影響)。しかし、裁判官のフェイスは、どちら側の意見を言おうとも脅かされない。ここに評議におけるＦＴＡの興味深い特徴がある。

1・4・2　日本の評議の進め方は特殊!?

また、評議という場は、その議論の構造上の特徴のせいで、裁判員のフェイスが脅かされやすいという側面もある。藤田(2009)は、裁判員裁判での評議は、議論をする集団に裁判官が含まれているため、欧米の陪審裁判とは異なった、特殊な議論のパターンによって進行していくと指摘している。日本の裁判官は、これまで刑事法学の中で築き上げられてきた判断の枠組みを使って判断をしていくのだが、その形態は各争点・論点について、段階的に「認められるか」「認められないか」の二者択一方式で進んでいく方式をとる。例えば、殺意があったかなかったか、犯行の計画性があったかなかったかのような、犯罪があったかどうかを決めるための要件について、１つ１つ二者択一的に決めて進んでいくのである。これは、「論点主導型評議」と呼ばれ、欧米の陪審員裁判のように一般市民だけで法律の専門家抜きに行われる評議とは全く異なる形式を取る。

この二者択一的という議論の在り方は、評議というコンテキストにおいては、特別な意味を持つ。評議では、多数派(多数集団)ではない場合や裁判官たち(優位集団)と意見が違う場合には、直ちに「非規範」側の意見となってしまうわけである。つまり、常に「勝ち組」と「負け組」という状況が待っているわけである。負け組になるような意見を述べるのは、当然フェイスが脅かされるFTAである。また、そういう特殊な場であるから、単なる裁判官による意見陳述のような発話内行為であっても、少数・劣性集団側の意見の参加者にとっては、FTAとして感じ取られてしまう。あるいは、裁判員が負け組側の意見を言うことが、自分に対するFTAとなってしまう。したがって、フェイスを脅かされるのを避けたいがために、少数・劣性集団側（負け組）の意見の裁判員がより優位・多数集団寄りの意見（勝ち組）に変えてしまう（発話媒介行為）可能性が高くなる。つまり、規範的・情報的影響となるというわけである。

しかし、こういう議論の根本的な構造的な問題は、構造自体を変えることは難しいので、影響を最小限に抑えるためには、議論の進行役である裁判官が「裁判員は他人に合わせる必要は基本的にない」ということを議論の要所要所で繰り返し裁判員に伝えることが大切だと思われる。

1・4・3　評議はジャングルと一緒!?

また、裁判員が裁判官の影響を受けやすくなる要因として、心理学の「集合的無知」（Cialdini 2001）という理論も紹介しておこう。これは、不確かな状況の中で、その場の規範となるべき態度が示されると、それに追従するという集団心理の学説である。例えば、一九七八年に南米のジャングルの中でカルト集団が900人以上の集団自殺をした事例（人民寺院事件）がある。この事件は、ジャングルという状況だからこそ起こったのであって、大都市のような場所では起こり得なかった事件であると言われている。ジャングルという不確かな状況の中で、その集団の規範的な行動として自殺という行動が示されたため、次々に信者たちが追従して自殺したのだと言われている。つまり、ジャングルという全く不慣れな状況、何をしていいかわからない状況で、次々に自殺をしていく人を目の当たりにしたため、そこでとるべき行動が自殺というふうに受け止められてしまったわけである。この理論に評議をなぞらえて考えてみると、裁判員は、今までに全く経験のない、不慣れで不確かな裁判・評議の場に置かれ、右もわからず、判断について不確かな規準しかもたずに大きな不安を抱いて議論に臨んでいるわけだが、そこにその道のプロであり権威である裁判官たちの規範的な判断、正しいと思われる態度を目の当たりにすればそれに倣おうとするのは当然であると説明がつくわけである。評議とジャングルは状況的に似ているのである。

1・4・4　毛利元就の3本の矢効果!?

前項までで見てきたような心理学的な理論、観察をもとに、裁判員の意見形成に影響を与える発話行為を考えてみたい。さきほど示した評議で観察される発話行為の27類型を再度見てみよう。

〈発話行為のリスト〉

1．命令・指示・要請、2．行為依頼、3．発話指名、4．論点の確定・まとめ、5．発言への感想・評言、6．許可、7．自由発話要求、8．指摘、9．確認・詳細追求、10．質問（Open）、11．説明（法律）、12．説明（事実・証拠）、13．提案、14．質問（Yes/No；二択）、15．その他の質問、16．相槌・復唱、17．他者の発言への補足、18．反対・別視点の提示、19．宣言、20．謝罪、21．意見（主張）、22．自己の発言への補足、23．引用、24．同調、25．応答（叙述的）、26．応答（肯定／否定）、27．その他

これらの中で、特に「指摘」「評言」「確認・詳細追求」「意見（主張）」などは、裁判員の意見に影響を及ぼしやすい発話行為と考えられる。これらに共通なのは、評議という場において、優位・多数集団側の一種の「規範・合意」を作り出しやすい発話行為であるという部分である。例えば、裁判員の意見に対する「指摘」は、裁判官と裁判員の間に認識の違いや裁判員の意見に不備な部分がある場合に行われるのであるから、裁判員の意見と方向性が異なっているはずで、優位集団である裁判官が述べていることは評議というコンテキストでは「規範」の見解と捉えられることになり、その規範と違う態度を取り続けることは裁判員のフェイスが脅かされることになる。同様に、裁判官による「評言」、つまり直前の発言に対するコメントも、それが裁判員の発言と同じ方向性

を示していない場合は、優位集団である裁判官の見解が規範と受け止められ、裁判員のフェイスを脅かすことになってしまう。

直前の発言内容に関する「確認・詳細追求」の場合は、裁判官の思考枠組の中で解釈した裁判員の発言内容を確認したりその詳細を聞いたりしていく。したがって、例えばその解釈が裁判員の考えているものと多少異なる場合でも、裁判員は裁判官と違うことを言うのはフェイスが脅かされてしまうので、なかなか言い出しづらくなってしまい、FTAを避けようと、つい裁判官の言ったことに「そうです」と同意してしまう。そして結局、裁判官の設定した枠組みおよび規範にのる形になってしまう。そして、本来は中立的なはずの「意見（主張）」でさえも、裁判官が発すると裁判員にはそれが規範として受け止められてしまい、違う意見を述べるのはFTAになるので避けようとしてしまうため、裁判員の意見に影響を与えてしまう。

このようにこれらの発話行為は、その議論におけるある種の「規範」を作り出す可能性の高い発話行為であるわけであるから、これらを「規範設定型発話行為」と呼ぶことにしよう。規範設定型発話行為は、劣位集団（優位集団は裁判官）である裁判員、あるいは少数集団側にいる裁判員にとってはFTAとして受け止められやすい。したがって、フェイスを脅かされるのをできるだけ軽減するために、裁判員には、規範的・情報的影響が起こりやすくなってしまうと考えられる。

理論の話ばかりではわかりにくいので、いくつか例を挙げてみたい。これまで繰り返し述べてきたように、筆者が持っている模擬裁判のデータベースから直接例文を引用することができないので、とあるＴＶ番組の中で放送されていた模擬裁判の裁判官のことばを例にとって考えてみよう。

【裁判官】「そういう場合でも、やった行為についてですね、一定の重みが、一定以上の重みがあるとですね、なかなかそうこの人が、立ち直れるだろうという見込みだけで、刑罰をかさないっていうふうには、我々はしてこなかったですね。」

これは、何人かの裁判員が言った意見に対してある裁判官が発した「評言」（＝コメント）で影響を与える例である。下線部を見ると明らかだと思うが、裁判員の意見と反対方向の意見、しかも常に勝ち組になりやすい裁判官がこれまでどのように判断をしてきたかという「規範」を示している。勝ち組になりやすい裁判官のことばである上に、刑事裁判での歴史的な重みまで加わった意見であるから、大変強力な規範であるし、その影響力（情報的影響）は甚大である。この意見に抗える裁判員はごく少数だろう。実際、この事件では、ほとんどの裁判員が意見を変えたそうだ。

同様に、別の模擬裁判であるが、「確認・詳細追求」が影響を与える例を見てみよう。

【裁判員１】被告人が何もそういっていないし、被害者の方も殺意を感じたみたいなことは何一つ言っていない。

【裁判長】そうするとさっきの質問に戻るんだけど、被告人は被害者のここ、要するに体の真ん中辺を刺すんだということは認識して、してたという証拠がないということか。じゃ、どこを刺すかはわからんで行動してたという認定になるわけかな。被告人と被害者の位置関係なんかからみて、どこを刺すかわからんという、本件で、そういう被告人の認識だったということですか。

【裁判員1】（沈黙）

【裁判長】ま、ゆっくり考えてね。

Grice（1975）の協調の原理と呼ばれる「会話では相手に情報の過不足や話題の脱線などなく、効率的に伝えなければならない」という会話の原則から考えると、「確認」という発話行為は、ちゃんと聞こえている情報をわざわざ聞き返すわけであるから、余分な発言をしていることになり、この原理に違反する。この協調の原理の違反を話者が意図的に行った場合、聞き手はそのことばの裏に秘められた意味を探ろうとする。例えば、年齢を聞いたのに、「ところでこの店のコーヒー、おいしいよね」などと相手が急に話題を切り換えてくれば、これは相手の質問に答えていないので、話が脱線しているわけであるから、協調の原理に違反していることになる。この違反に接した聞き手は、その違反に秘められた話し手のメッセージを読み取り、相手は年齢の話をしてほしくないんだなと推測するわけである。「確認」という作業も同様である。例えば、AさんとBさんの会話で、Aさんが「僕、巨人が優勝と思います。」と話したときに、尊敬する先輩Bさんが、「え、君は巨人が優勝だと思うの？」とAさんのことばをほぼすべて繰り返す形で聞き返したとしよう。本来なら「なるほど。」で済むところをこのように冗長な形で聞き返しているわけであるから、これも協調の原理の違反である。こう聞き返されたAさんは、おそらく、Bさんの発言の意図を勘ぐり、「Bさんは巨人が優勝しないと思っているのかな？」「巨人が優勝って言うのはまずかったのかな？」「Bさんはアンチ巨人なのかな？」などと考えるであろう。同じように、評議で裁判官による「確認」という作業が行われると、裁判員によっては、裁判官の意図を勘ぐって、「自分の意見に何か問題でもあるのだろうか？」と考えてしまうことがある。つまり、単なる確認が、裁判員のフェイスを脅かす行為、つまりFTAになるわけである。

また、裁判員の意見が、裁判官の思考枠組に沿った形に整形されて聞き返された場合、それが裁判員の意見と多少異なる場合でも、裁判員はフェイスが脅かされることを恐れて同調してしまうことがあることも模擬裁判ではたまに見られる。先ほどの例では、下線部の部分については、実は裁判員が言ったことをもとに裁判官が自分の想像を加えて聞き返している部分なのだが、裁判員は裁判官に「～ということですか」と確認されたが、これは実は自分の意見とは多少異なっていた。

しかし、ここで「違います」と言ってしまうと優位集団である裁判官の考えから逸脱することになり、その行為が裁判員自身のFTAになってしまうため、返事ができずに黙ってしまった。そして、その後裁判官に「ま、ゆっくり考えてね」と流されてしまうという結果につながっている。こういうやりとりは、さきほど述べたように裁判員の意見の変移につながりやすい。また、このようなそれぞれの参加者に対して確認・詳細追求が繰り返される議論形態は、取調型のコミュニケーションに近くなるので、単線型の議論に陥りやすく、複雑な課題の処理に適していると言われる複線型議論を妨げる。

次に「意見（主張）」が影響を与える例を考えてみたい。裁判官による単なる自分の意見の主張が裁判員の意見に影響を与えることがある。これは、規範と捉えられる裁判官の意見と違うということで、裁判官と同意見でない裁判員が裁判官あるいは自分自身の主張をFTAと捉えてしまい、意見を裁判官側に同調させてしまう。特に、裁判官3人が続けて同意見を述べるときに裁判官に合わせた意見形成が起こりやすい。例えば、とある模擬裁判では、裁判員の意見が実刑1人と執行猶予5人だったのだが、裁判員3人が実刑だと述べたら、全員実刑に変わってしまったという例があった。また、別の模擬裁判で、1番刑の軽かった2人が、やはり裁判官3人の意見を立て続けに聞いた後、再度意見を求められたときには1～2年半重くなり、理由は裁判官の述べたものと同じであった。

これは、おそらく、ただでさえ情報的影響力が強い裁判官の発言が、3人連続で行われたことによって規範的影響力も加わってさらに強化されてしまった現象であると考えられる。裁判官3人がまとまって意見を言うときに起こる現象なため、毛利元就が1本では折れやすい矢も3本の束になればなかなか折れなくなると息子たちに話したという逸話にちなんで、ここでは少々ユニークな名前で「毛利元就の3本の矢効果」と呼んでおこう。この効果は、筆者が観察した限り、①裁判官が3人連続で意見を言い、②裁判官たちの意見の間にブレが少なく、③裁判員の意見と異なる場合に起こりやすいようである。したがって、こういった影響を避けるには、裁判官が裁判員のあとに3人連続で意見・結論を述べるのではなく、やはり裁判員と対等の1票を持った一参加者として裁判員に混ざって意見・結論を述べていくのが得策だろう。最近の裁判では、裁判員と裁判員の間に1人ずつ裁判官が座る形式が定着しているが、意見を述べる際にも裁判官たちが固まらないように、裁判官チームができるだけ顕在化しないように努力することが必要なのである。

1・4・5　裁判官はつらいよ!?

以上、本項での考察を簡単にまとめると、評議においては、裁判官の意図した発話内行為と裁判員のその行為の受け取め方のズレが起こりやすい。その原因は裁判官そして裁判員自身の発話が裁判員にとってのＦＴＡになるためである。ＦＴＡになりやすいのは、参加者の力関係に差異がある制度的談話であり、議論形式（論点主導型評議）が特殊な状況を作り出すことから常に勝ち組・負け組があり、劣位・少数集団にとって様々な発話がFTAになりやすいためである。裁判員は、自分自身のフェイスが脅かされるのを避けるために、優位集団・多数集団の意見に同調し、裁判官寄りになってしまう。裁判員が裁判官の意見を参考にして意見を変えることは決して悪いことではないが、同時に制度導入の趣旨である市民感覚の反映が実現されにくくなるということも注意しておく必要がある。また、ここで指摘したような規範設定型発話行為を裁判官は行ってはいけないというわけではなく、これらを行う際には影響を最小限に抑えるように気を使うべきだということである。裁判官も大変である。

しかし、FTAになりそうな状況を避ける方法はたくさんある。例えば、二〇〇九年に富山で行われた模擬裁判では、裁判官が裁判員に終始「どんどん意見を変えて」と言い続けたそうである。（「法廷へ 同時進行報告 番外編」朝日.com 二〇〇九年二月二七日）意見を変えることはFTAではないということを裁判官が示してあげる効果は大きい。実際、この模擬裁判では、有罪の方向に傾いていた時に1人の裁判員が疑念を持ち始めたのをきっかけに、裁判員は次々に意見を変え、最終的に無罪になったそうである。裁判官から随所でこう言ってもらえれば、裁判員は裁判官の意見や周囲の意見に過度に流されることなく、勇気を持って自分自身の意見を述べやすくなる。裁判官自身もついつい言うことを忘れてしまうかもしれないので、こういう大事なことは、大きな紙に書いて評議室の壁に貼って常に参加者の目に入るようにしておくといいだろう。

同じように、裁判官による裁判員の意見への過度の影響を避けるためには、あくまでも裁判員の意見は裁判員の意見で裁判官に合わせる必要などない、裁判員の感覚を生かした意見が大事といったことを要所要所で裁判官が言うことで、裁判員へのFTAは軽減される。裁判官が法律家の専門家であるのと同様、裁判員は市民感覚の専門家として呼ばれているのだから、対等の重み、対等の正しさを持った1票なんだということを常に裁判員の念頭に置かせてあげることで、制度的談話の側面、そして裁判員へのFTAが軽減されると考えられる。無論、これらは裁判官だけでなく、裁判員自身が述べても良いことである。例えば、筆者が見学したとある模擬裁判で、裁判官たちよりも重い量刑を述べていた裁判員の女性が、「これから自分たちで例を新しく作っていく必要があるんじゃないかなというふうに思いました。」と言ったのを見たことがある。非常に感動を覚えたシーンであった。こういうことばを聞けば、他の裁判員も当然勇気付けられるだろう。評議は、みんなで作っていくもの。裁判官任せではなく、市民である裁判員の方々の「主体的」な参加で明日の司法を作り上げていくのが、この制度の導入の趣旨であるし、理想なのである。

1・5 議論の推移表による分析

市民のみなさんが、裁判員に選ばれて、まず不安だと思うのが、「自分は意見など言えるのだろうか」ということではないかと思う。裁判員裁判においては、裁判官と裁判員の実質的な協働ということが理想とされているわけであるが、その協働を実現するためには個々の参加者が、各論点についてそれぞれ意見を述べて、十分に議論を尽くしていくことが望ましいと言える。

ここでは、筆者と政策研究大学院大学・藤田政博准教授がNHKのテレビ番組に出演させていただいたときに、スタッフの方々が作ってくれた評議における議論の推移表をヒントに、筆者らが少々手を加えて独自のフォーマットに作りなおして、模擬評議の分析に用いている表を紹介する。今回は、またまたデータ公表の制限の関係で、法曹三者合同模擬裁判ではなく、まったく別の模擬評議を分析する際に作成したものを例として説明していきたい。これらは一般的によく見られる評議の傾向をよく表している。まずは、「評議A」の表を見ていただきたい。(読者のご不便は承知だが、内容までは読めないようにわざと縮小して表示している。)

この表では、一番左の縦の列が、「話題・論点」で、横の各行にそれぞれの話題・論点が要約して記述されており、次の列の左から、裁判長、右陪席、左陪席、裁判員1、裁判員2、裁判員3、裁判員4、裁判員5、裁判員6の順になっており、各話題・論点について、どんなことを述べたかがそれぞれのマスに要約されている。グレーで塗りつぶしてある行は、有罪・無罪の認定や量刑の判断などの重要な判断の部分を表している。この評議では、裁判官の列はほとんど空白であるが、裁判員の列は、多くの話題・論点で埋まっている。評議Aでは、それぞれの裁判員が、各論点

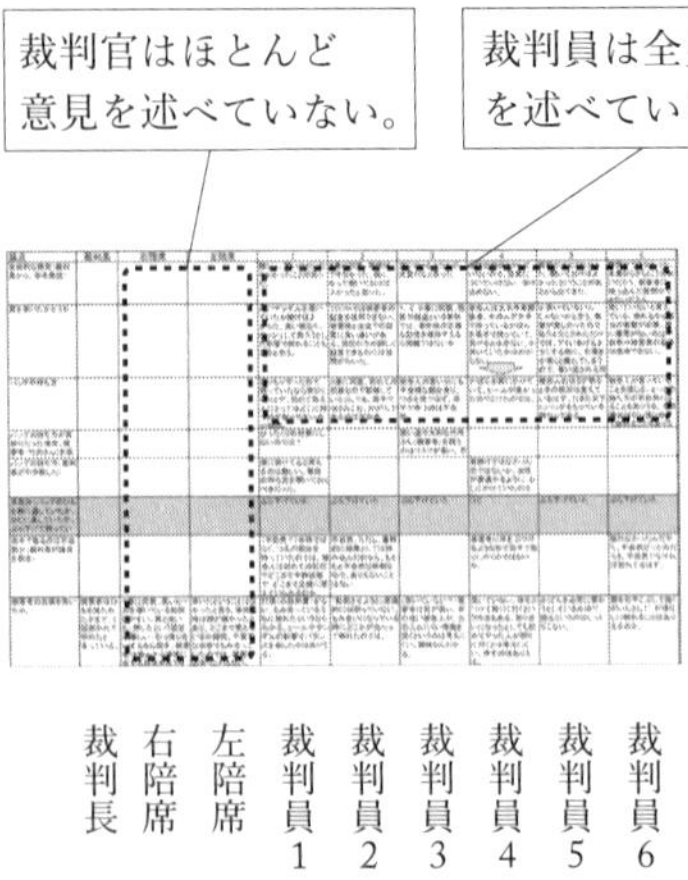
裁判員は全員意見を述べている。

評議A

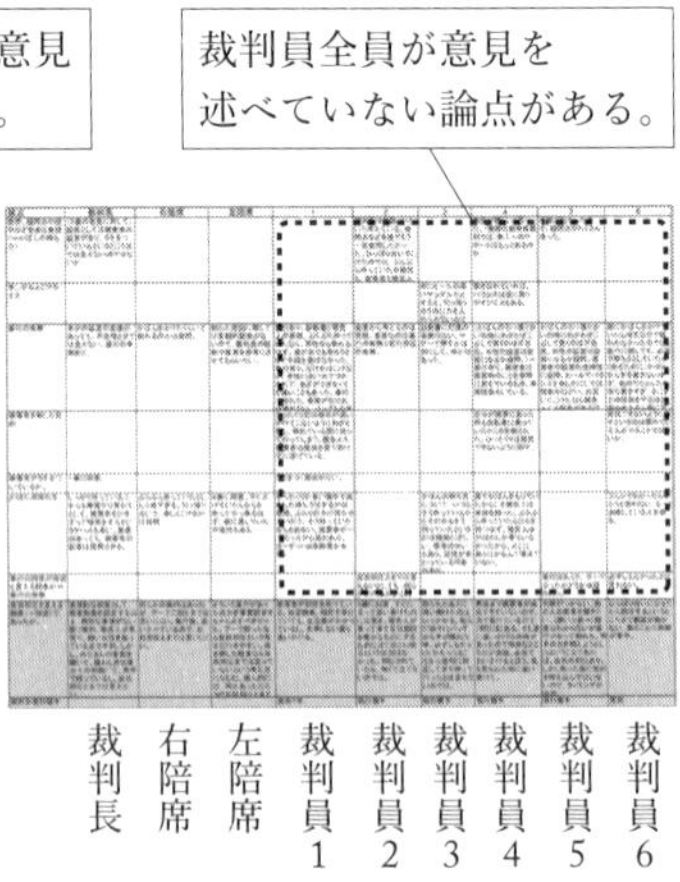

評議B

について比較的きちんと意見を述べている様子が見て取れる。一方で、裁判官たちのマスに空欄が多く、彼らが寡黙であった様子が見て取れる。裁判員全員が意見をちゃんと述べられている半面、裁判官が遠慮しすぎている評議の例である。

次に、同じ要領で評議Bの表を見ていただきたい。こちらの評議では、各論点について何人かの裁判員の意見が述べられているだけである。論点によっては裁判員は1人しか意見を述べていないところもある。筆者は、このような議論の進行状態を「歯抜け型議論」と呼んでいる。多種多様なバックグランドを持つ裁判員たちが自分の視点を生かしつつ物事を多角的に検討するためには、できるだけ多くの参加者が、各論点について意見を述べることが大切であるし、参加した実感や士気、そして満足度にもつながっていくと考えられる。また、参加者同士の共同作業感覚も生まれやすい。したがって、裁判員については評議Aのように論点ごとでしっかりと意見を述べていくのが望ましいだろう。

また、最高裁判所が各裁判所を対象に二〇〇八年夏に出した指針（判例タイムズ一二八七号五八頁）の評議に関する部分を見てみると、「評議においては、裁判官としても、自己の意見を過不足なく正確に述べることが必要」と言っているし、裁判員裁判の目標は裁判官と裁判員の「協働」なので、やはり裁判官も各論点について意見を述べていくことが大切だろう。その意味では、評議Aの裁判官（役）の方々のような参加形態は、遠慮し過ぎだろう。しかし、こういう評議は実際にしばしば見られる。

実は、発言者の自由度が高い、すなわち裁判員が自由に発言している裁判体ほど評議Bの形態になりやすく、発言者の自由度が低い裁判体、すなわち裁判官が一所懸命リードやコントロールをして各裁判員の発言を促すほど評議Aの形になりやすい。議論の複線化を促すには自由度が高い方が望ましいのだが、すべての参加者の意見を網羅していくためには自由度を下げてしまうが、意見を述べていない参加者を適宜指名して発言させる工夫も重要である。結局、ここでもまた進行役である裁判官の手腕がものを言うということになる。しかし、進行役である裁判長に任せるばかりではなく、みんなで作り上げる評議が理想なのだから、陪席裁判官や裁判員もお互いに気を使っておと

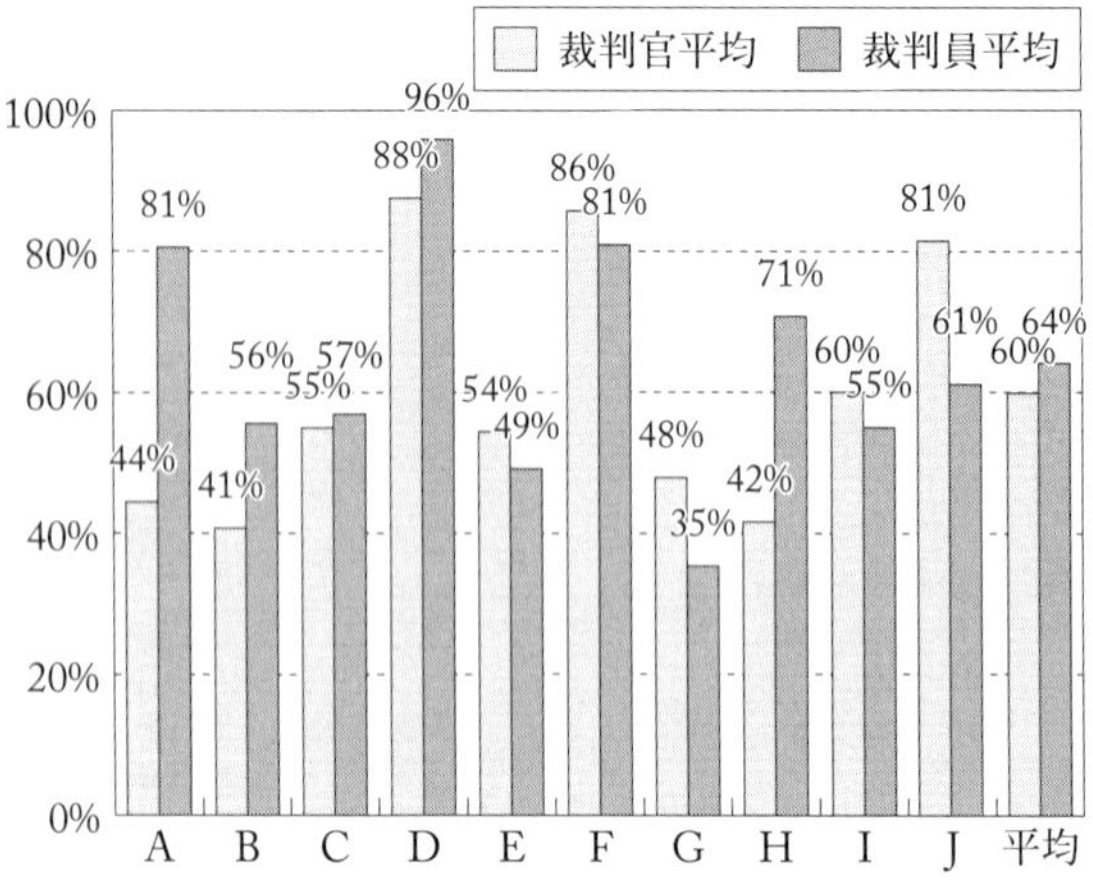

グラフ４　論点ごとの発言率

なしめの参加者に発言機会を作ってあげるのは大事だろう。

では、実際の法曹三者合同模擬裁判では、議論の「歯抜け度」はどんなものなのだろう。それを見るために、10裁判分の論点ごとの発言率を集計してみると、グラフ４のようになった。

A〜Gは各評議グループを表す。集計にあたって、ほぼ全員が意見を言う評決や結論の部分、裁判官が説示やその他の説明を行っている部分については除外した。このグラフは、数字が低いほど歯抜け型議論になっているということを示す。裁判員の平均から見てみると、裁判地Gのように35％ぐらいのところから、裁判地Dのように96％のところまでかなり開きがある。裁判官については、４割台のところが多いのが目立つ。いずれにせよ、理想的には各論点についてすべての参加者が発言することが望ましいが、現状としてはこの数値を見る限り、大体裁判員6人のうち2人くらいは意見を言わないで議論が進行していくことが多いという感じだろう。

法曹三者の模擬裁判を見ていても、歯抜け型で議論が推移していく裁判体をよく見かける。いや、むしろ論点ごとに議論が尽くされているのは、正直、少数である。したがって、ここで紹介したような表を作って、誰がどの論点についてどのような発言をしたかごく簡単にメモをとりつつ、発言を行っていない参加者に声をかけて発話させることが重要になってくるだろう。また、議論を行っていく際には、大阪市立大学の三島聡教授なども指摘しているように、ホワイトボードなどを使って論点をあらかじめ列挙しておき、裁判員の目に見える形で、今どの論点について話しているのかがわかるようにしておくのは有益だろう。このような工夫は、先ほど述べた最高裁が出した指針の評議に関する部分で「当事者の訴訟活動をどのように評価するかという観点から、論告・弁論の論理構造や判断順序に即した議論がされる」という部分にも沿っている。もちろんこのような作業は裁判官に任せる必要はない。裁判員自らが、遠慮がちな裁判員に声をかけて、発言を振るということもあっていいだろう。裁判員裁判は裁判官と裁判員の「協働」なのだから、よりよい評議のために、裁判員が裁判官をそういう形で助けていくのも大切である。

これまで筆者が裁判員役を経験した人から聞いた話では、裁判員が意見を述べる際に困るのは、「何をどう言えばいいのかわからない」ことのようだ。したがって、質問をする人が、裁判員が答え方をイメージしやすいような具体的枠組みを示してあげるのがよいと思われる。例えば、「何でもいいですから、ご自由にご意見をどうぞ」というよりは、「では、…という点について考えていきたいと思いますが、…については、…という証拠が出ていましたけど、ここはおかしいんじゃないか、ここがよくわからなかったなどというのがありますか?」といった具合に、できるだけ具体的に答え方の枠組みを示してあげれば、裁判員も答え方がイメージしやすいので意見が言いやすくなる。ただ、このような議論の仕方は、裁判官による議論内容のコントロールが大きくなってしまうという欠点があるので、状況を見て臨機応変にこういった方法を取り入れながら自由に議論してもらうというのが理想なのかも知れない。

以上、発話量、コミュニケーション・ネットワーク図、発話行為、そして議論の推移表という観点から参加者の議論への参加形態、すなわち議論の形という観点から評議を見てきた。そして、僭越ながら、議論の活性化を促すための提案もいくつかさせていただいた。次節以降では、議論の内容の方を考察していく。

2 論拠分析

これまでの項では、主に議論の形態を中心に評議を見てきた。ここでは、内容について考えていくわけだが、裁判員制度導入の趣旨の1つ、「市民感覚の反映」という観点から考えてみたい。

市民である裁判員と裁判官の間で最も違うのは、おそらく判断の論拠とその論理の組み立て方だろう。裁判官・検察官・弁護士といった法曹は、法理論の中で蓄積されてきた独特な事実・出来事の見極め方をする。これは、できるだけ客観的に事件を判断していくために編み出されてきた方法なのである。例えば、包丁を使った殺人事件で殺意を認定するのに、どういった形の刃物を持っていたかを被告人がどう認識していたか、被害者の体のどの部分をどれだけの強さ・深さで刺したかを傷口の深さや形などで認定したりするわけである。一方、市民は実にさまざまな面から殺意があったかどうかを推し量ろうとする。そういった側面を含めて、裁判員と裁判官がそれぞれどのような情報を用いて、どのような論拠で議論を展開するか、意見を述べるのかを調査し、結果を数字で表そうというのがここでの試みである。

2・1　市民は想像力豊か!?　事実認定における論拠の分析

この分析をするにあたり、まず裁判における事実認定の部分を中心に参加者の意見の論拠を抽出し、以下の類型に分類した。

■ グループI

1．公判全般

2．検察官の主張

3．弁護人の主張

4．証言

5．その他の公判資料

■ グループII

6．証拠等にもとづく間接的推測

7．証拠・証言等にもとづく一般的傾向・常識

8．再現にもとづくもの

9．公判での発話の方法・様態

10．公判での態度

11．量刑資料

■ グループIII

12．証拠・証言等にもとづかない想像・一般的傾向

13．特定集団での常識・傾向

14．自己への投射・経験（私なら…）
15．映画やＴＶなどのシーン
16．例え話
17．他者の意見
18．話の流れ
19．自己の信念
20．証拠に出てこない状況

これらの類型は、３つのグループに分けられているが、これらは以下の基準で分けている。

Ａ．証拠そのものを直接的な根拠にして主張を展開しているもの（証拠を使った議論・グループⅠ）

Ｂ．証拠をもとにしつつも、そこから状況・場面を想像し、それを論拠にして主張を展開するもの（証拠に考察を加えた議論・グループⅡ）

Ｃ．直接的に証拠として提示されたもの以外（想像や経験等）を論拠にしているもの（グループⅢ）

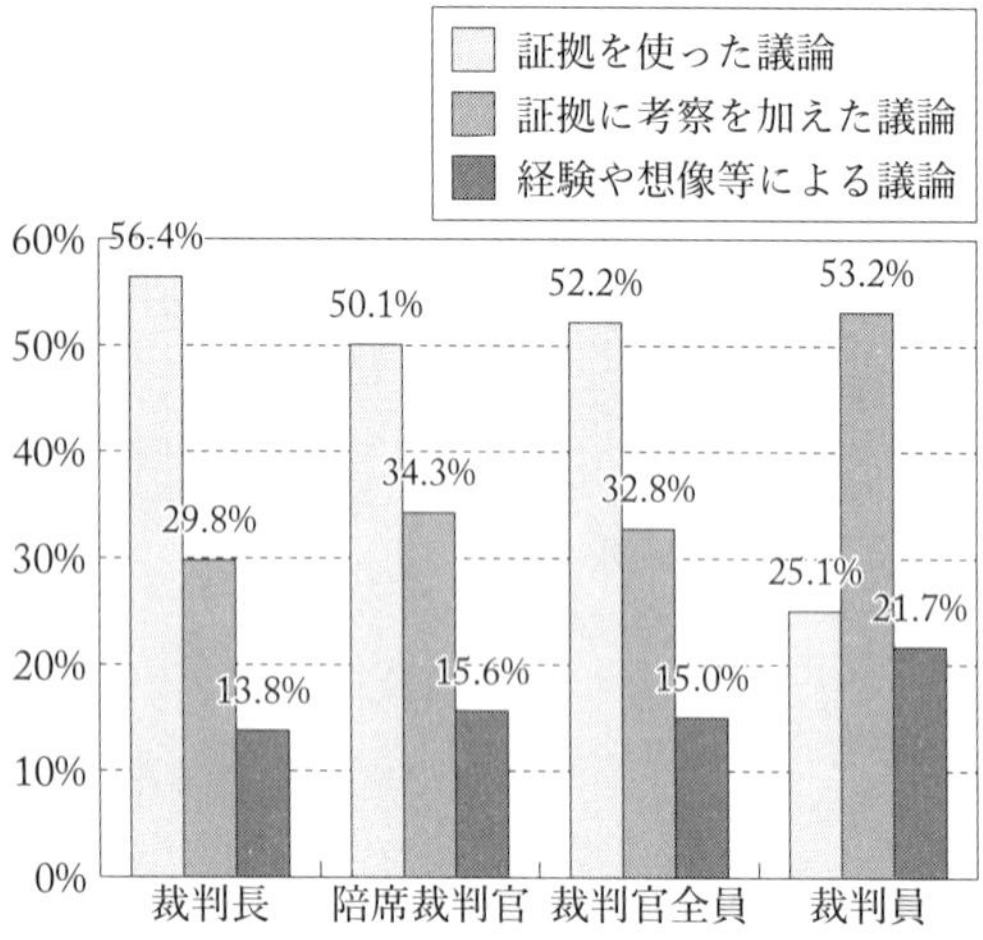

グラフ 5–1　裁判官と裁判員の論拠の差［3 分類］

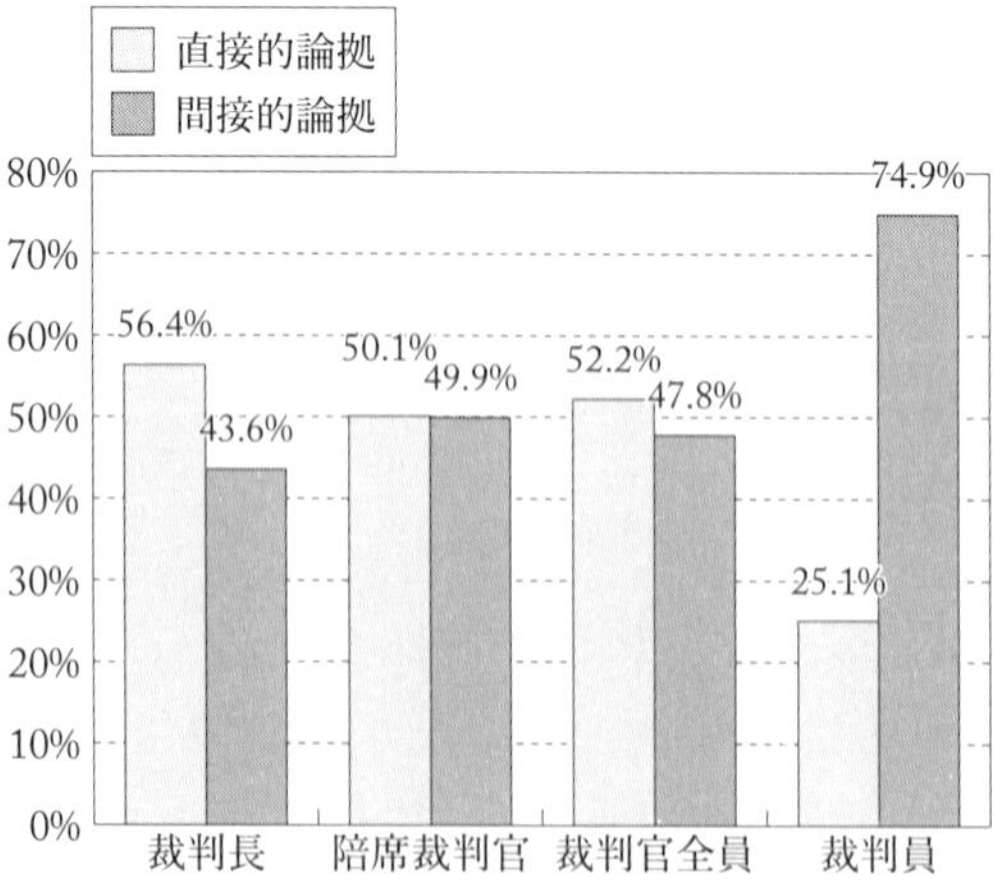

グラフ 5–2　裁判官と裁判員の論拠の差［2 分類］

グループⅠは、例えば、「△△という証拠が出ているので、○○と認められる。」という論理構成のものである。グループⅡは、「△△という証拠が出ているので、おそらく□□ということがあったと想像できる。だから、○○なのだ。」という、証拠からワン・クッション置いた論理の立て方である。グループⅢは、「私はいつも●●しているから○○だ。」のように例え話やテレビのシーンなど、証拠とは関係ないものを論拠に意見を形成するパターンである。こうして分けたものを集計し、裁判官と裁判員で割合にしてみるとグラフ5・1のようになる。

グラフ5・1を見ると、裁判官たちは、グループⅠの証拠そのものを論拠に意見をすることが5割強であることがわかる。これは、裁判官の思考体系には法廷に出てきた証拠を中心に判断を形成していく「証拠主義」と呼ばれる原則がしっかりと根付いているからであろう。一方、裁判員は、証拠そのものを論拠に直接意見を述べるのはその半分くらいで、証拠をもとに考察を加えたものを論拠にして意見を述べることが5割強ということが見える。

また、最初のグループを、証拠にもとづいている論拠ということで「証拠直接型論拠」として、2番目と3番目のグループを1つにまとめて証拠に間接的な議論のパターンということで「証拠間接型論拠」として集計しなおしてみると、グラフ5・2のように、裁判官は「証拠直接型論拠」と「証拠間接型論拠」を半分ずつくらい使って議論しているが、裁判員は4分の3の意見を「証拠間接型論拠」を用いて形成していることがわかる。裁判員制度で謳われている「市民の感覚」への一側面）は、このような論拠の立て方にまず表れている。

ことばや証拠は、事実を部分的に切り取って伝えるだけである。同じ事実であっても、言い方次第で真実は違った形で伝わる。例えば、単純な例で言えば、綺麗な高級外車に乗っている若い人について、「ピカピカの高級外車を乗り回している若者」と伝えられるのと、「コツコツ一所懸命働いて貯めたお金でやっと買った高級外車を毎日大切に手入れして乗っている若者」と言った場合では、伝わるイメージが全然違う。たった1枚の写真に写っている様子をなるべく正確に説明としても、そこに写っている人物の表情、衣服、身体的特徴、その人の持っている雰囲気、空の色、背景の建物の形、背景の人々やもの、その他のあらゆるものを説明するのは大変だし、本当に伝えきれるかはわからない。また余計な解釈を付け加えられて伝えられる場合もある。そう考えると、話し手のことばから聞き手が想像する状況は、どんなに詳細に述べられたとしても実際の状況とは多少異なったものとなるであろう。

裁判での証拠に関しても同様である。これまでの裁判では、裁判官は積んだら何十センチにもなる膨大な事件の資料に目を通して判断をしてきたが、裁判員裁判では、裁判員の負担を軽減するために開廷期間も短く、また証拠もかなり厳選されて伝えられる。そういった断片的な事実への窓口から伝えられる状況は、かなり実際の状況と違うことになるであろうことは想像に難くない。だからこそ、裁判員の断片的な証拠を紡いで全体像を想像していくために、グループIIのような、証拠をもとに考察を進め、それを最終的な意見形成につなげていくという裁判員に特徴的な思考体系が大事になってくる。しかし、同時に、想像などを挟むことは、事実をその想像でゆがめてしまう危険性もはらんでいる。証拠を直接的に利用して議論をすることを体に叩きこまれている裁判官が、協働を通してバランスを取ることが期待されるだろう。

証拠主義と言えば、少々論点はずれるかもしれないが、先ほど述べた朝日新聞の同じ記事の写真に、(記事の中では直接言及されていなかったのだが)非常に興味深い裁判所の取り組みが写っていた。富山での模擬裁判に関するものであったが、そこでは評議を行う部屋の壁に、刑事裁判の大原則である「証拠裁判主義」「検察官の立証責任　合理的な疑いが、生じない程度の証明」「疑わしきは被告人の利益に」などが大きく書いてある紙が貼ってあった。これらの原則は、裁判員にはなじみのない考え方であり、議論の中でついつい裁判員が忘れがちになってしまうために危険であるとよく指摘される部分である。しかし、こういう風に裁判員たちの目に常に入るところに貼ってあれば、裁判官が評議の要所要所で何度も注意を促さなくても、常に念頭においておくこと、思い出すことができる。裁判を行っていく上で非常に大事なことなので、ぜひ、すべての裁判所でやるべきではないかと思う。

2・2　裁判員は情が厚い!?　量刑判断における論拠の分析

前項の論拠分析は主に、事実認定（犯罪に関する事実があったかどうか、有罪か無罪かを見極める作業）の部分だが、量刑判断（有罪の場合に刑の重さはどの程度が妥当かを決める作業）ではどうなのだろうか。これについては、事実については被告人が認めているため争いがなく、量刑判断のみを議論した3裁判分（裁判官9人、裁判員18人）を調べてみた。調査した裁判数が少ないので、あくまでも参考程度の結果なのだが、この調査では量刑判断において用いられている論拠を模擬裁判の反訳をもとに抽出し、これまでの判例なども参照しながら以下の類型にまとめた。

結果の重大性、反省の有無、前科の有無、計画性、被告人の内面に関わるもの（殺意等）、社会への影響、更生・再犯の可能性、（全体的な）経緯、同情の余地、被告人の性格・精神的傾向等、判例・量刑資料、被告人の社会的制裁、受け入れ環境、被害者の落ち度、家族・家庭への影響、救助活動の有無、被告人の精神的ダメージ、被告人の責任、仮釈放の可能性、周囲の意見、偶然性、その他

そして、裁判長、右・左陪席裁判官、裁判員についてその頻度を集計し、平均したものを対応分析と呼ばれる手法で分析したのが図6である。

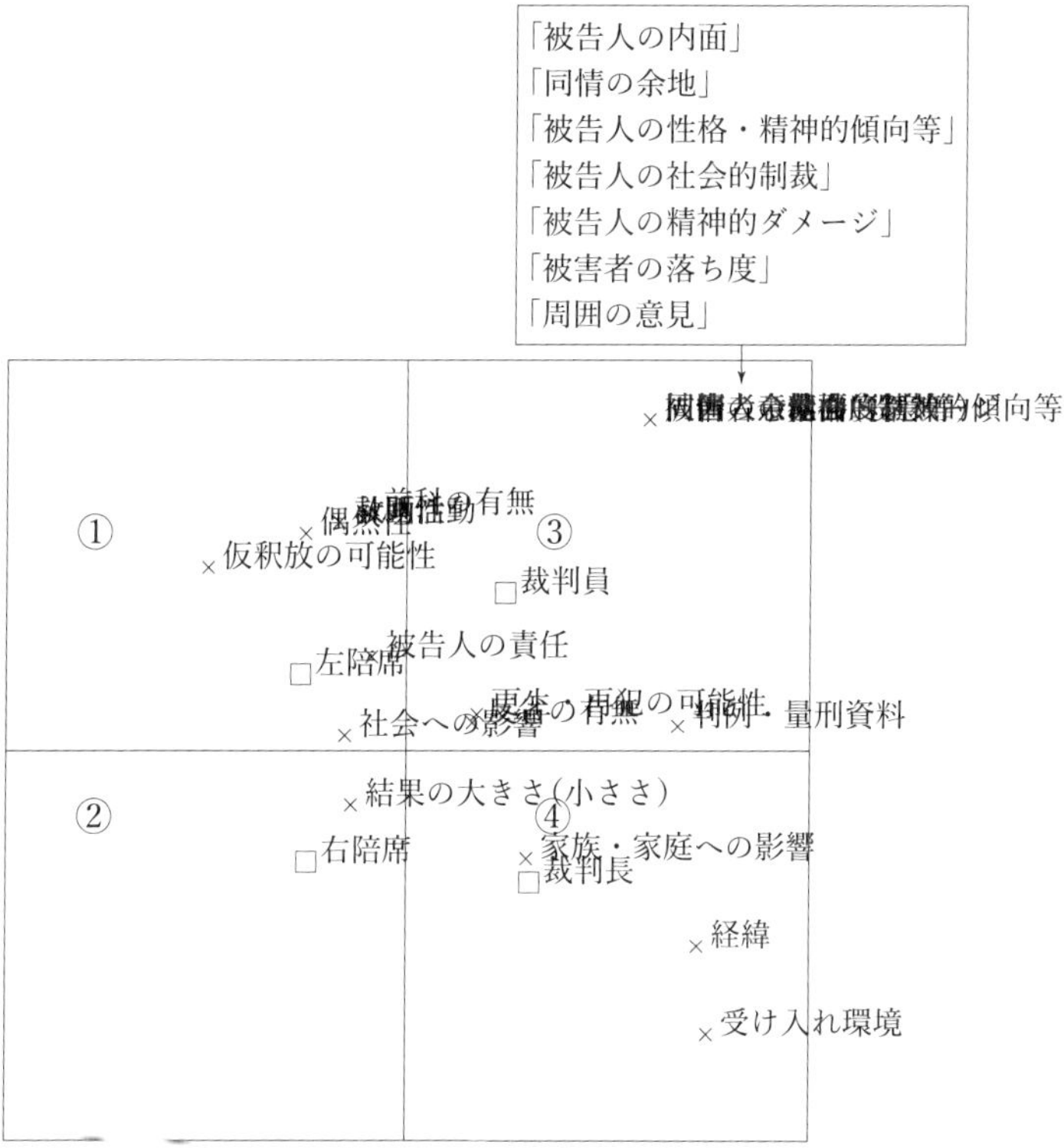

図６　裁判官と裁判員の量刑判断要因の差（対応分析）

図6では、右下④のエリアに裁判長、左下の②のエリアに右陪席、左上の①のエリアに左陪席、そして右上の③のエリアに裁判員（1裁判6人の平均）が表れている。この図では、近い類型同士を質的に近いと判断し、離れているものは質的に異なっていると判断する。

では、どんな論拠が使われているかを見てみよう。「更生・再犯の可能性」、「反省の有無」などの要因は裁判官と裁判員のちょうど間辺りに表れているので、これらは裁判官も裁判員もお互いによく使っているということがこの分布から見てとれる。裁判員の量刑判断に関する論拠の特徴としては、（右上③のエリアの文字が多重に重なっている部分は見づらいが）「被告人の内面」、「同情の余地」、「被告人の性格・精神的傾向等」、「被告人の社会的制裁」、「被告人の精神的ダメージ」、「被害者の落ち度」、「周囲の意見等」が他の論拠から大きく離れて表れている。ほとんど排他的に裁判員に用いられた論拠ということであろう。これらは被告人の心的側面に関わるものが多く、裁判員はそういった面に裁判官よりも着目しているのがわかる。また、ある意味では予想通り、裁判員の方が裁判官よりも周りの意見を論拠にすることが多いことがわかる。また、裁判員は、「判例・量刑資料」、および「前科の有無」についても、裁判官よりも判断要因として言及することが多いのがわかる。こういった部分が、裁判員の「市民の感覚」と言えるだろう。一方、裁判官（特に裁判長）は「（社会復帰後の）受け入れ環境」や事件の「経緯」、「結果の重大性」、「家族・家庭への影響」、「仮釈放の可能性」などが特徴的判断要因として出ている。おおまかに言って、客観的に判断しやすいものを判断要因に用いる傾向があることがわかる。法律家は、事実認定に関して客観的に判断できる要素から意見を形成していくという話を前項で述べたが、量刑判断においても似たようなことが言えるということだろう。

ここで見たものは、かなり限定的な事例ではあるが、一定の傾向が見て取れただろう。ここでも市民である裁判員と裁判官の感覚の差が明らかになった。せっかくのこのような市民の感覚は、実は、議論の中では見えても、実際の判決文には表れにくい。判決文は、当事者が一審での判決を不服として控訴すれば、高等裁判所で吟味されることになるので、下手なことは書けない。おのずとこれまでの形を踏襲したパターンで書かれていくことになる。また、最終的に判決文に書かなければならないからこそ、論点も自由に成り行き任せにすることができず、かなり限定された形で設定されていくことになる。これが良いことなのか悪いことなのかは議論を呼ぶところであろう。ただ、裁判員にとって、彼らの感覚を反映しにくい構造・状況になっていることは間違いない。こういった部分を変えていくことも、本当の意味での市民感覚の反映を実現するためには大事なのである。

3　レジスター分析

本章の最後として、裁判員裁判のスローガンの「私の言葉で」に関わる部分について、裁判員と裁判官の使う「ことば」の違いから、両者の間に見られるさまざまな差異に切り込んでみたい。レジスターというのは、言語学の用語で、特定の社会集団に特徴的な語彙・表現の集まりのことを指す。裁判員と裁判官のレジスター、すなわちこれらの人々が使っていることばを抽出するにあたって、まず裁判官と裁判員のことばで別々の「コーパス」と呼ばれることばのデータベースを作った。コーパスとは、実際に使われていることばをテキスト化し、検索や統計的利用を可能にしたデータベースのことを指す。裁判官コーパスと裁判員コーパスでそれぞれ用いられている語彙をソフトウェアを使って解析し、使われている頻度(出現頻度)の順に並べ、さらに裁判官と裁判員の間で統計的に差異の大きい順からリストを作成した。(一応少々専門的な説明をしておくが、各語についてそれぞれのコーパスにおける出現頻度を差異係数を用いて比較し、+1.0から-1.0のスケール上で正の値を取るものに関し、さらに尤度比検定を使用してこれらのコーパス間で出現頻度に統計的有意差が認められるもの、つまり裁判官あるいは裁判員の一方に特徴的になっている表現を抽出し、有意差が大きい順に並べ替えた。)また、一般的にはよく使われるものの裁判参加者の特徴を体現しているとは言い難いと思われる助詞や格助詞のような機能語と呼ばれる表現は除外した。また、「えっと」や「ああ」のような間投詞や感嘆詞、当該事件固有の表現や固有名詞も除外した。そして残ったものを裁判官と裁判員の特徴語としてリストした。

以下に、統計的差異が有意水準($p < .01$)に達している、つまり、統計的にも意味のある差があ

る表現のみを集めたリストを参加者ごとに示す。表現は、単に出現頻度が高い順ではなく、優位差が大きいものから小さいものへと順に列挙されている。

リスト1．裁判員の特徴語、257語：統計的優位差（p＜.01）があるもののみ

思う、飲む、証言、主人、小突く、状態、お金、すごい、自分、人間、円、持つ、こう、感じる、検察側、出す、やはり、ます、殴る、多分、酒、きちんと、ほんとに、本人、暴力、瞬間、奥さん、わかる、これ、私立、親、酔う、本当に、逃げる、金額、刃、ビンタ、そこら、男、辺、検察、子ども、切る、生きる、仲、意識、気、信じる、刺す、わざわざ、給料、容疑、曖昧、もし、たまたま、母親、会社、勉強、過去、聞く、抜く、ただ、弁護士、早い、普通、ぱ［擬態語］、ひょっとしたら、引き寄せる、調査、可能性、もの、思い込み、想像、いつも、倒れる、掴む、ある程度、包丁、入る、確か、絶対、冷静、喧嘩、手、信憑［性］、離婚、雰囲気、もらう、きき［手・腕］、やくざ、違う、お嬢さん、ちゃう、お互い、変わる、借金、勢い、娘、逆、旦那、意味合い、ぶつ、ぼる、もめる、単純、ポケット、切れる、非常、気付く、肉体、買い、泥酔、放す、うち、何で、買う、活動、人、体、やっぱり、場所、性格、初め、ルール、避ける、後ろ、ポン［擬声語］、助ける、両親、共謀性、強制、瞬時、増える、会話、嫌、心、答える、換える、あったら、イコール、ピュ［擬態

語〕、ボー〔擬態語〕、家計、回避、確証、恐怖、軽減、根底、社会復帰、受けとめる、純粋、信頼、心情、新参、窃取、全額、対抗、淡々、突っ込む、拍子、白、不足、文章、要因、酩酊、押す、つて、返す、あまり、確信、自衛、女、現実、小銭、仲間、同情、印象、与える、アルコール、なおかつ、教える、とらえる、正しい、つく、どうのこうの、バッ〔擬態語〕、よろける、奥様、差、真実、成り立つ、柄、言葉、お母さん、パッ、あやふや、おさまる、カット、かぶせる、きゅっと〔擬態語〕、ささい、ぐてんぐてん、どー〔擬態語〕、とび職、とり方、パー〔擬態語〕、ハサミ、バン〔擬声語〕、ポジション、まるっきり、ワン、何しろ、何ら、環境、頑張る、兄貴、検眼、好き、絞る、今更、再度、散々、仕草、市民、邪魔、衝動、仁義、正常、切り口、説得、善意、素人、体力、耐える、朝、跳ね返り、得、突き飛ばす、彼氏、頻度、風景、暴れる、毎回、無理強い、面白い、目撃証言、優しい、湧く、余地、住む、場、何となく、関わる、生活、お父さん、判断、なんとなく

リスト2．裁判官の特徴語、208語：統計的優位差（p＜.01）があるもののみ

意見、どう、いかが、被告人、供述、皆さん、本件、よろしい、議論、検察官、認定、弁護人、述べる、伺う、結論、裁判官、ほか、さん、事情、証拠、証拠上、説明、指摘、評議、特に、弁論、刑、番さん、前提、いただける、成立、行ける、有罪、まず、事実、間違

い、検討、お願い、一応、言う、加える、争点、あと、する、辺り、乙、捜査段階、裁判所、事案、推認、科す、問題、先ほど、書く、どうぞ、要素、経過、裁判員、頬、始める、それぞれ、減軽、まあ、生じる、被害者、許す、突き刺す、攻撃、号証、申し上げる、休憩、主張、関係、さらに、趣旨、争う、評価、基本、論告、事件、踏まえる、法律上、法廷、下げる、要するに、できる、決める、ございます、懲役、任意、供述調書、次、考慮、法律、犯行、死刑、進む、動機、原則、公判廷、背中、行為、改めて、目ん玉、言動、多数、一致、盗む、まとめる、疑い、まさに、多数決、見方、場合、期間、控訴、さらに、差し迫る、最終、中心、もとづく、具体的、重視、法定刑、大体、理由、グラフ、くり抜く、保護司、無期懲役、かなり、いただく、負う、呼び捨て、いっぺん、異論、殴りつける、記載、繋がる、合議、手続、措置、入院、発表、腹部、無事、裏付け、保護観察、また、腹、とりあえず、刑務所、さて、審理、方、参考、認める、目的、及ぶ、執行猶予、大分、対、あたる、いきさつ、かすめ取る、すき、殴打、刑法、従来、消極、深める、反映、頷く、ポイント、主文、月、今、出る、1つ、危険性、特別、落ち度、戻る、この辺、おさらい、セーフ、そのうち、金銭、再開、手当て、切断、態様、点、配る、命令、過剰防衛、総合、付く、夢中、これから、重要、ほっぺ、やり取り、確認、反撃、その後、気持ち、もちろん

3・1 私の言葉で参加します!?

では、これらの結果の解釈をしてみたい。まずは全体的な部分であるが、裁判官のみのコーパスサイズは201,585語（異なり語数［＝使っている単語の種類の数］5,115語）、裁判員のみのコーパスサイズは136,960語（異なり語数4,700語）である。裁判官は裁判員の半数しかいないにも関わらず、コーパスサイズは裁判官の方が1.5倍程度大きい。つまり、裁判官の方がよく話していることがわかる。先に見た発話量の調査とは異なり、このコーパスでは、説示や法律の説明のような裁判官が職務上の要請として行う発話を除外したものではないため、裁判官のすべての発話が含まれる。したがって、裁判官の総語数がある程度多いのは仕方ないことだろう。しかしながら、平均すると裁判員の2倍以上が裁判官の発話ということになる。この数値から、裁判官の発話量の多さが裁判員裁判における評議の特徴と言えるだろう。

また、裁判員コーパスにおける裁判員の特徴語（257語）の方が、総使用語数と異なり語数の数（単語の種類）としては裁判官のものよりも少ないにも関わらず、裁判官の特徴語（208語）よりも種類が豊富である。比較する語彙の範囲を5％基準（先ほどのp < .01より少し信頼性が劣る）のものまで拡大してみると、裁判員の特徴語が478語あるのに対して裁判官の特徴語が451語ある。それぞれのコーパスにおける特徴語が少なければ少ないほど裁判員と裁判官のことばが近いことを示すが、この結果を見ると、両者にそれなりの差異があることがわかる。裁判員の特徴語は、最高

裁判所の裁判員制度のスローガンである「私の言葉で参加します」の部分がまさに体現されているところであると考えられる。また、このような差異があるということは、裁判員たちが「私の言葉」で参加している、そして裁判官たちが「彼らの言葉」で参加していることを示す。（「言葉」と「ことば」は、表記の揺れではなく、筆者はひらがなで書く「ことば」を使いたいが、スローガンでは漢字で「言葉」と使っているので、そちらに合わせているだけである。）

3・2 「私の言葉」ってどんなことば!?

次に、具体的に特徴語にどのようなものが出ているかを検討していくが、まず、裁判員コーパスから抽出された特徴語のリスト（リスト1）では、「証言」という表現が3番目という上位に出ている。欧米の陪審研究おいて、素人は「証言」を最重要視するという観察がなされているが、ことばは話者の意識を反映するという前提にもとづけば、「証言」がこれだけ高い出現頻度をマークしていることは、裁判員は裁判過程の中で証人による証言を非常に意識しているということを表していると考えられる。また、頻度は比較的低いものの、裁判員の特徴語として「目撃証言」という語も出ている。

裁判員コーパスでは、「意識」「思い込み」「気付く」「嫌」「心」「心情」「冷静」「性格」などの事件関係者の心理的な側面を意識していると思われる語彙が多く見られる。同時に、裁判員の心理的側面を表す表現として、「感じる」「気」「想像」「信頼」「同情」「印象」「可能性」「信憑性」「確証」「確信」のようなものも特徴語として表れている。裁判官にはこのような表現の出現頻度が少ないことから、裁判員が裁判官よりも関係者の心理的側面を意識して、あるいは自分がどう感じるかという観点から議論をしていることがわかる。この解釈を支持するデータとして、以前、本コーパスに含まれる模擬裁判のうち同一事件を扱った3つの裁判体において裁判官と裁判員が用いている量刑判断要因を調べた際、これらの表現に関係する要因（殺意、動機、同情の余地、被告人の性格や精神的傾向、被告人の精神的ダメージ等）にもとづいて判断を述べていると思われる発話が裁判官はほとんどいなかったのに対し、裁判員は全要因の10.1％の割合でこれらの要因をもとにして意見を形成していることが観察された。

同様の観点から、裁判員の特徴語には金銭に関する表現、例えば、「お金」「円」「金額」「給料」「借金」「家計」「全額」「小銭」、および、飲酒に関する表現、例えば「飲む」「酒」「酔う」「泥酔」「酩酊」「アルコール」のようなものが多く含まれていることが興味深い。また、「主人」「親」「奥さん」「仲」「母親」「離婚」「お嬢さん」「お互い」「娘」「旦那」「両親」「仲間」「奥様」「お母さん」「兄貴」「彼氏」「お父さん」などの家族関係や人間関係に関する語彙も特徴語として出ており、おそらくこう言った一般市民の生活とも関わりや関心が深い部分に裁判員は比較的高い関心を抱きながら議論を進めていると言える。また、裁判員のコーパスからは、「言葉」という語も裁判員の特徴語として出てきていることから、裁判員が前述の「証言」を含めた事件関係者が発したことばなどの言語的側面も議論の上で比較的意識していることがわかる。

また、裁判員は、「思う」「おそらく」「多分」「もし」「ひょっとしたら」「あったら」のような断定を避けたり、あるいは仮定を表したりする表現を多用することが特徴語から見える。これらは、裁判員が自己の意見への自信のなさを表していたり、議論において仮定を頻繁に用いたりすることを示していると言えるだろう。

さらに、擬声語・擬態語（「ぱ」「ポン」「ピュ」「ボー」「バッ」「パッ」「きゅっと」「ぐてんぐてん」「どー」「パー」「バン」）の類の表現が多いのも裁判員の発話の特徴と言えるだろう。これは、言語学で言う「制限コード」と呼ばれる言語形態の特徴と一致する。制限コードとは、バーンスタイン（Bernstein 1971）という学者が唱えた概念で、インフォーマルさと結びつけられる言語形態であり、また教育程度に関わらず用いることが可能な言語形態であるとされる。つまり、市民であれば誰でも用いることができる言語形態であるわけであるから、まさに「市民のことば」と言える部分である。コミュニケーション・ネットワークの項で触れたように、筆者らのこれまでの全国で行われている模擬評議の観察で、裁判員のことば使いが、方言がたくさん使われている場合のようにインフォーマルであればあるほど、その裁判体における評議の裁判員同士のコミュニケーションが活発である、あるいは裁判員の発話量が多いことが見えてきている。裁判員の議論の活性化には、こういった市民のことば、言いかえれば裁判員の「普段着のことば」で参加してもらうことも大事だと言えるだろう。

3・3 裁判官はやっぱり法律用語好き!?

一方、裁判官の特徴語（リスト2）に目を移してみると、大方の予想通り、法律用語が特徴語として多く抽出されているのが、まず全体的に見て取れるだろう。裁判官のコーパスでは、「いかが」「よろしい」「伺う」「意見」「どう」「皆さん」「議論」「さん」「説明」「番さん」「検討」「どうぞ」「休憩」「次」「まとめる」「多数」「多数決」「方」「再開」「これから」「どうして」「結論」「本件」「事情」「指摘」「前提」「事実」「争点」「あたり」「事案」「問題」「先ほど」「趣旨」「評価」「踏まえる」「要するに」「決める」「考慮」「進む」「改めて」「見方」「具体的」「重視」「理由」「グラフ」「異論」「合議」「認める」「参考」「今」「この辺」「おさらい」「確認」「基本」「中心」「もとづく」「発表」「とりあえず」のように、裁判員の意見を引き出すための語彙、そして議論を進めていくのに関する語彙が多いことが特徴として挙げられる。裁判官たちが評議において進行役に専心していることを裏付けている。

また、裁判官コーパスでは、「証拠」「証拠上」「弁論」「主張」「論告」「号証」「供述」「供述調書」「記載」「(証拠が) 出る」などが特徴語として抽出されており、公判廷の中で提示されたもの、特に客観的証拠を重視し、刑事裁判の原則に則った形で議論をしている傾向がうかがえる。これは、裁判員コーパスに見られた証言を重要視するという傾向と対照的である。法曹として訓練された者であれば当然の結果であるが、市民とは異なることが改めて明らかになった。

同様に、裁判官の意見や議論の構成の枠組みを表すものと考えられるものとして、「争点」「要点」「問題」「ポイント」（「成立」）等といった語彙が挙げられる。欧米の陪審研究において、一般市民は、証拠主導型（evidence-driven）あるいは評決主導型（verdict-driven）の評議形態を用いることが観察されている。前者は証拠を中心にどういう出来事・ストーリーがあったのかを検討していく評議形態を指し、後者は議論の初期の段階で評決を取り、その判断を支える証拠を検討していく形態の評議を指す。これに対し、すでに紹介したが、藤田（2009）は、日本の裁判員裁判における評議に特有の第3の議論形態があると指摘する。裁判官は、従来の裁判において事件の全体像よりも犯罪の構成要件や特定の論点を中心にした議論の組み立て方を行う傾向があり、裁判官が主導する裁判員裁判でも同様の傾向があることが観察されると言う。これらの特徴語は、裁判官のそのような議論の傾向、言い換えれば判断に至るための思考形態を示していると言えるだろう。裁判官コーパスの分析結果は、やはり日本の評議は論点主導型評議になっているということを示していると言える。

さらに、裁判官コーパスでは、「いかが」「よろしい」「伺う」「頂ける」「申し上げる」「ございます」「頂く」などの丁寧表現や比較的フォーマルな表現、いわゆる精密コード（制限コードに対立する概念）が多く見受けられる。裁判官が裁判員に対し、丁寧な態度で接している様子がうかがえる。

精密コードは、話者間で共通の認識が少ないという前提、つまり暗目の了解の部分ができるだけないように、内容的にも文法的にも正確・複雑な形をとる言語コードで、比較的改まった場面で用いられることが多い。どちらかと言えば、「ソトのことば」である。おそらく裁判官たちは、彼ら自身の潜在的権威によって裁判員を威圧してしまうことを回避する努力の一環として、あるいは裁判員に敬意を表す意味でも、意識的あるいは無意識に改まった態度となっていると考えられるだろう。評議を活性化させるためには、「ウチのことば」での議論が大事だということを述べたが、ソトのことばは、聞き手との間に心理的距離を作り出す。例えば、初対面の人と、敬語で話していたときはよそよそしい感じだが、ちょっと砕けたことばで話した瞬間にお互いに話しやすくなったという経験は誰にもあるだろう。無論、丁寧に話すことは悪いことではない。また、砕け過ぎたことばを使うことで、それが逆に裁判官と裁判員との力の差と捉えられてしまうこともあるだろう。しかし、上で見たような敬語表現は少々堅過ぎる気がする。丁寧でも適度に親しみやすい話し方が、リラックスした談話環境を作り出すのには大事だろう。

ちなみに、裁判官に用いられる「法律的表現（専門用語・半専門用語）」を抽出するために、リスト2の裁判官の特徴語を、5名の協力者（法学部生1名、法学部大学院生・法学部卒の言語学系大学院生を各1名、企業法務部に勤務する社会人2名）に見せ、以下のスケールで各単語を評価してもらった。

A．一般の人が通常ほぼ使用しない法律用語（4点）
B．一般の人にもたまに用いられる法律用語（3点）
C．法律家が法的なコンテキストでよく用いる日常語（2点）
D．法律家も一般人も普通に用いる日常語（1点）

各単語に関して協力者の評価した点数を合計し、過半数である3名が「C」以上をつけた表現を、出現頻度において裁判員コーパスとの間に統計的有意差（p＜.01）があるものについて、協力者の評価の合計点数が高い順に並べたものが以下のリストである。

リスト3．裁判官の特徴語（法律的表現）（p＜.01）

論告、主文、推認、号証、供述調書、法定刑、保護司、公判廷、保護観察、弁論、控訴、評決、減軽、懲役、起訴、被告人、弁護人、過剰防衛、供述、審理d、乙、未遂、検察官、裁判官、裁判員、捜査段階、執行猶予、無期懲役、評議、争点、法廷、合議、認定、刑、有罪、科す、死刑、刑法、証拠上、被害者、本件、証拠、事案、反す、殴打、態様、行為、犯行、任意、法律上、述べる、検討、裁判所、趣旨、要素、原則、措置、危険性、裏付け、成立、主張、動機、踏まえる、基づく、及ぶ、差し迫る、反撃、落ち度、犯罪、異論、消極、命令、

前提、事実、経過、要するに、考慮、生じる、一致、疑い、負う、重視、多数、言動、更に、記載、殴りつける、交換、反映、従来、具体的、最終的、手続、金銭、点

法曹ではない法学部の卒業生・在学生・企業で法務を担当する者を中心とした協力者に評価をしてもらったのは、多少なりとも法律のコンテキストで使われる語かどうかを判断するのに、協力者が完全な法律の素人だと、何が法律的色彩を帯びた語であるか判断が困難である可能性があったためである。一方、法学者や法曹を調査対象としなかった理由は、それらの専門家が知らず知らずのうちに用いている専門的語彙を抽出することも本調査の視野に入れているため、また、法曹は法律用語に日常的に接する職業なので日常語と法律用語との区別において判断が大きく揺れる可能性が高いためである。

このリスト3に表れている表現は、まず漢字だらけだという印象である。専門用語を使うことは決して悪いことばかりではない。簡単な表現への過度の言い換えの方がよっぽど弊害があるだろう。専門用語を使っても、その意味がちゃんと非専門家の裁判員にその意味がわかるように説明すること、理解していないまま進んでしまわないことが大事なのである。裁判員制度に向けて、裁判官達もわかりやすい表現を使うように非常に努力をしている。しかし、それでも慣れ親しんだ表現を知らず知らずのうちに使ってしまうこともあるだろう。また、日常語と勘違いして専門用語を使って

しまっていることもあるだろう。ちなみに、このリストを見ていただいた裁判官が、「気をつけているつもりでも、ずいぶんと使っているんだなぁ」と言っていたのは印象的だった。

リスト2で同じものを指していても両者に裁判員と裁判官の違いが見られるものとして、「弁護士」(裁判員)と「弁護人」(裁判官)、「検察」(裁判員)や「検察側」(裁判員)と「検察官」(裁判官)、「軽減」(裁判員)と「減軽」(裁判官)、「殴る」(裁判員)と「殴打」(裁判官)、「お金」(裁判員)と「金銭」(裁判官)、「殴る」(裁判員)と「殴りつける」(裁判官)などが見られるが、リスト3においても、これらの語のほとんどが裁判官によってよく用いられる専門用語・半専門用語として抽出されていることから見て、やはり一般語とは違うということを表していると言えるだろう。

以上、模擬評議のコーパス分析、特に特徴語の分析を通して、裁判員の「ことば」と裁判官のレジスターを抽出し、裁判員や裁判官の評議の「参加形態」、議論の「視点」「感覚」の差異を探った。これらの点において、裁判員と裁判官の間には、さまざまな差異が見られた。これらの結果は、最高裁判所が広報で用いているキャッチフレーズである「私の視点、私の感覚、私の言葉」での参加がどのようなものかという、その一端を示しているとも言える。コーパスによる分析も、これまでの分析同様、汎用性の高い分析方法であるから、今後の取り組みが待たれるところである。

4　まとめ

以上、法曹三者合同模擬裁判における形と内容の両側面から、裁判員裁判における評議の様子を見てきた。ここでの分析を通じて、評議室の様子、議論の雰囲気や内容のイメージ、裁判員と裁判官のさまざまな差異を多少なりとも感じてもらえたなら、また、良い評議を実現するためのヒント、裁判員のみなさんがどう評議に臨んだらいいのかというヒントになったならば幸いである。

人間は、世界を有限の語を用いて、そして連続した事象を不連続に分節化して捉えて表現するが、裁判官と裁判員ではことばによる事件の分節化が異なっていることが明らかになった。ことばが思考を表すという立場に立てば、事件を分節化するために用いていることばが異なるということは、事件の捉え方や考え方が異なるということになるだろう。これは、裁判員制度導入に関するさまざまな議論において予測されていたことではあるが、ここでの分析はその事実を実証的に示したことに意義がある。確かに数値だらけの分析に違和感や嫌悪感を抱いた読者もいるかもしれないが、もとのデータの公表の仕方が大きく制限されていたためにこのような方法にせざるを得なかったことを理解していただきたい。しかし、このような制限があったからこそ新しい分析方法を生み出していくことができたわけであり、同時に全国で数百回にわたって行われた模擬裁判を相互に客観的に比較する方法が欠けていたところを、このような分析方法を用いることによって客観的に比較することが可能になったという点では大きな意義があるわけである。

無論、本章で示したさまざまな分析は断片的なものであるし、十分な根拠を持って論じ切れていない部分も多分にあるだろう。しかし、筆者は、このような分析データそのものを公表することに大きな意義があり、学術的研究そして法実務に寄与するものであると確信している。このようなデータは汎用性が高いため、例えば、従来提案されてきた、あるいは今後提案される主張や観察を裏付けるデータとして用いることも可能であろう。また、このデータからさらなる解釈を引き出すことも可能であろう。今後、さまざまな研究者が評議を含めた裁判員制度とことばの研究に関わることによって、さまざまな分析方法が提案されていくことを期待したい。

注

(1)第二章のほとんどは、政策研究大学院大学の藤田政博准教授との共同研究として行った調査をもとにしており、本書のこの部分については藤田准教授との共著とさせていただく。

第三章　法とことばの問題

これまでの章で、「言語学」という学問におけるさまざまな理論や概念に関して折に触れて紹介してきた。この本で紹介されたさまざまな分析を見て、言語学が実際どういう学問なのか知ってみたいと興味を持ってくださった読者もいるかと思う。せっかくの機会なので、この最後の章は、この本の中でたびたび登場したこの「言語学」という学問について、いったいどんなことをする学問なのかを簡単に紹介し、言語学と法学の接点などについて簡単に考察をしてみる。とりあえず、これ以降はもう裁判員裁判に深く関連した議論はそれほどないので、あまり関心がない方は飛ばしていただければ結構である。

1　言語学とは

言語学は、一言で言えば、文字通り「ことば」に関する研究であることに違いないが、言語学の研究のほとんどは、一般にイメージされるような「ことば」のあるべき姿を探究する学問あるいはことばに関して博識たることをめざす学問ではない。だから、筆者のように支離滅裂な日本語を操り、ボキャブラリーが貧困な人間でも言語学者と名乗る最低限の資格はあるわけである。言語学とは、簡単に言えば、「ことば」を「科学的に分析する学問」である。では、科学的な分析とは何かというと、一般には、統計・観察・実験などを通して事物の規則性や法則等を解明・検証することと言われている。したがって、規則や法則にもとづいて構成されるものは、基本的には、すべて科学的分析の対象になりうるのである。

1・1 ことばの規則性

ということで、言語学がことばの科学たりうるためには、その分析対象であることばに規則性や法則がなければならない。ことばは、人間同士のコミュニケーションの媒体として存在する。したがって、コミュニケーションをとる者同士がその媒体に乗せられた情報を理解するには、その媒体を使うための規則を知らなければならない。例えば、暗号も1つのコミュニケーションの媒体であり、「ことば」であるが、この暗号の使い方、つまり規則を知らなければ、文を作ることも、暗号で示された文を理解することもできない。同じように、私たち日本人は、ロシア語の規則を知らなければ、日本語のわからないロシア人相手に意味のあることばを発することも、彼らの言うことを理解することもできない。手話とて同じである。

ことばの規則と聞いて、読者の多くの方々がすぐに連想するのは「文法」であろう。国語や英語などでおなじみの「文法」は、その単語を聞くだけで拒絶反応を起こす方もいるだろうが、言語学で言う「文法」は、私たちが一般的に学校教育の中で使っている意味とは少々異なる。中等教育等で用いられる「文法」という用語は、おそらく、単語の並び方、品詞、活用等に関する「正しい使い方」の規則を指すが、言語学で言う文法はもう少し意味が広い。音の並び方から、単語の内部構造、単語の配列、会話のやりとりのルールまで、人間がことばを使ってコミュニケーションを行うのに必要なあらゆるルールの体系が、言語学で文法と呼ぶものなのである。また、学派によっては、ことばを発し、そして理解するために生まれつき備わったメカニズムと人間が成長していく過程で獲得していくことばに関する知識を数学的手法で表した体系を指す場合もある。したがって、言語学で言う文法とは、簡単に言えば、ことばを発したり理解したりするための規則を指すもので、「正しい使い方はこうだ」といった価値判断を含まないものである。私たちが日常使っていることばは、特に話しことばのレベルでは、「が・に・を・は・の」などの助詞の間違い、単語の選択ミス、語順の間違い、係り結びの間違い、一貫性のない話の流れなど、従来の文法の立場から考えると、数えればきりがないほど間違いだらけである。試しに自分の普段の会話を録音して、それを全部文字に書いてみるとよくわかる。筆者は評議の生のやりとりを分析しているわけであるが、並外れた教養と素養のある裁判官でさえ、学校文法からするとめちゃくちゃなしゃべり方をしているのに驚かされることがある。こういうのを見てみると、映画やテレビドラマのセリフは、あまりにも出来すぎたやりとりだということがよくわかるはずである。

少々脱線気味なので話を戻そう。文法についてこのような観点から考えると、日本語を母語として話す人なのに、「私はあんまり日本語の文法を知らない」といった類のことを言っている人をたまに見かけるが、それは、学校教育で教えられている文法と呼ばれる「知識」を持っていないだけであり、日本語を使ってコミュニケーションを実現できている以上、日本語の規則、つまり言語学で言う「文法」をちゃんと知っているのである。言語学は、母語話者が持っている「文法」を解明していくのが大きな仕事である。

1・2 言語学の諸分野

言語学には、文の構造、句と句の関係を調べていく「統語論」、単語の構造を調べる「形態論」、ことばの意味を扱う「意味論」、発音や音波としてのことばを扱う「音声学」、音の組み合わせや変化の規則を扱う「音韻論」、文脈におけることばの使い方を扱う「語用論」などが比較的大きな分野として存在する。他にも社会言語学、歴史言語学、応用言語学、コーパス言語学など、「何々言語学」あるいは言語政策学、言語教育学のように「言語何々学」という分野もたくさん存在する。

法と言語の研究をする分野を、「法言語学」と呼ぶこともある。言語学も本当にたくさんの下位分野があるので、各下位分野についてはここでは深く立ち入らないことにする。

また、「英語学」「ドイツ語学」「フランス語学」のように言語ごとの言語学もあり、これらは言語学の分析対象が何語かということで決まる。例えば、英語のみを分析対象としていれば、音声学だろうが統語論だろうが「英語学」をやっていることになる。

本書で展開された分析は、社会言語学や語用論に属するだろう。手法について言えば、コーパス言語学も視野に入ってくる。法と言語の研究は、あらゆる言語学の手法が応用可能であり、法言語学そのものを学ぶよりは、まず、言語学の諸分野を学ぶことが大事である。そしてさまざまな分野を学ぶ中で、自分が1番扱いやすい分野を法というコンテキストにおける言語使用の分析をすれば法言語学になるのである。

1・3　学校の文法と言語学の文法

言語学という分野は、二千年以上の歴史があるとも言われるが、一九五〇年代のノーム・チョムスキー(Noam Chomsky)というアメリカの言語学者の出現によって、過去数十年の間に認知科学として飛躍的に発展した。チョムスキーが目指すような人間の認識のメカニズムから見たことばの分析手法というのは、高校までの学校教育における国語教育、外国語教育には全く取り入れられていない。法曹などの法に携わる人々も、確かに法的文書や法律の条文を読みこなし、操るプロフェッショナルである一方、裁判過程の中でさりげなく、何気なく使われているふつうのことばの使い方の分析に関しては、高校までで習った分析法しか知らないわけであるから、一般市民と一緒である。

私たちは、意外に自分たちの使うことばのことを知らない。高校までで学んだことばの分析知識は、もともとはことばの学者によって体系づけられたものには違いないが、時代遅れなものであるし、偏った、断片的なものである。例えば、私たちが持っている日本語の分析知識は、小学校、中学校、そして高校の「国語」という教科を通して学んだものだろう。大抵の人は、言語の専攻でもない限り、大学に入ったあとに国語を習うことはないだろう。高校までの中等教育における国語で習う日本語の分析手法は、おそらく何十年は変わっていないし、その分析法も、分析目的が「人間がことばをどう理解するか」という観点ではなく、ことばの区切り方や、分類法、正しい書き方、使い方が中心となるものである。

確かに日常使用することばであれば、意味は辞書を見ればわかるのだから、わざわざ言語学者や最新の分析理論に頼ることはないと考えるかもしれない。実際、多くの裁判において語の定義が争点となった際、言語学者の代わりに辞書が活躍してきた。しかし、辞書に記載されているのは、コンテキストの中での実際の言語使用、すなわち生きたことばの姿が説明されているわけではないし、経験的(実験などにもとづいた)な調査にもとづいているわけでもないことがほとんどだ。

また、子供が携帯電話を使用し、あらゆる機能を使いこなせるからといって、子供がその携帯電話の動作原理、メカニズム等を理解しているわけではない。同様に、私たちはことばを使用し、意味を理解し、情報を得、他者とのコミュニケーションを行うことができる。しかし、ことばを使いこなせるからといって、また、人よりことばに関して多く学んだからといって、言語を算出・理解する（すなわち、「使用」するための）メカニズムを理解しているわけではない。法の世界でのことばの問題となると、その使用の特殊性から、多少話しは複雑になるが、結局のところ、これら2つの場合と同様のことが言える。

こういったことを端的に示す例として、私たちが「教養」として知っている文法と脳が覚えている文法が違うということを見てみたい。例えば、「参加者が懇親会で歓談中、突然、大きな地震が襲った。」という文における「―中」という表現の品詞を、何人かの大学院生に聞いたところ、英語で言えばwhileやwhenのような「接続詞」であると答えた。ところが、驚くことに、実験をしてみると、私たちの脳は、「―中」という表現は「名詞」として処理しているらしいということが見えたのである。すなわち、私たちの「意識」上での処理が、脳による「無意識」の処理と異なっていたのである。（言語学者であれば、「―中」は名詞だということはすぐにわかる。）言語学者は、この人間が「無意識」のうちに体得し、脳に備わっている言語理解・生成のメカニズムにアクセスし、それを説明する術を有しているという点で法律家や一般の言語話者と大きく異なる。言語現象は、そういう性質とコンテキストにおいて使われるという性質を持っているわけであるから、言語現象を正確に分析する際には言語使用のメカニズムの分析の専門家である言語学者と法というコンテキストにおける言語使用の専門家（分析の専門家ではない）である法律家の協働が必要不可欠なのである。

1・4　言語学の証拠分析への応用

では、前章ではあまり扱わなかったが、言語を介した認知作用の研究が、法の世界とどのように関連するかを簡単に考えてみたい。そのような研究の応用の最もわかりやすい例としては、商標の分析が挙げられる。商標の類否裁判では、法廷の場で商標の言語表現をめぐって、さまざまな議論や分析が行われる。当該商標がお互いに似ているか似ていないか、出所の混同（同じ会社の製品やサービスかどうか消費者に誤解させること）を生じるか否か、そしてそれぞれの商標の自他識別機能（他の商標と区別をつけさせる機能）の存否は、それらの言語表現に関する認知活動そのものをめぐる問題である。したがって、言語科学の分析が有効に利用できるのである。堀田（2004）では、「携帯接楽7」と「常時接楽」という2つの商標の類否裁判を題材に、さまざまな言語学の理論を応用しながら、商標の意味理解のメカニズムおよび商標の類否判断のメカニズムという観点から議論を展開し、商標の比較や類否の判断を客観的に行うための分析モデルを提案している。また、米国の裁判の例では、裁判官による陪審への説示（jury instructions）に用いられる言語表現や州政府機関（Illinois Department of Public Aid）による補助金（Aid to Families with Dependent Children）の受給をめぐる訴訟（Doston et al v. Duffy et al., 732 F. Supp. 857（1988））において、ジュディス・リーヴィ（Judith N. Levi）ノースウエスタン大学名誉教授が、やはり既存の言語学で使用されているさまざまな理論を援用し、そこで用いられている言語表現に関し、さまざまなレベルから言語構造を分析することで、通常の人々の意味理解に困難を生じさせるメカニズムを明らかにしている。また、ロジャー・シャイ（Roger Shuy）ジョージタウン大学名誉教授は、彼自身が鑑定に関わった刑事・民事事件の裁判における言語に関わる証拠の分析で用いたさまざまな分析方法を紹介している。このように言語科学の分析手法は一般によく知られている声紋分析や筆跡鑑定による人物特定に留まらず、証言の信憑性の検証、事実認定者による判断の信頼性の検証、プロファイリング、そして、文書偽造、名誉毀損、脅迫、贈収賄、共同謀議、商品の注意書き等、刑法から不法行為法や製造物責任法まで、さまざまな法律の分野にわたることばにもとづく証拠の分析等、非常に広い範囲に応用可能なのである。

1・5　法言語学

こういった法や裁判に関連したことばの問題の重要性を認識し、言語学の立場から研究する分野は、「法言語学（Forensic Linguistics）」や「言語と法（Language and Law）」と呼ばれている。本書で展開されていた言語分析も、その例となる。法言語学は、アメリカ、イギリス、オーストラリアなどの英語圏を中心に、海外では、確立しつつある分野である。国際学会もいくつかあるし、ウェールズ（大英帝国）では法言語学での大学院課程を持つCardiff Universityのような大学まである。また、毎年夏には、国際法言語学会（International Association of Forensic Linguists）の主催で、ヨーロッパのどこかしらの国でサマースクールも開講されている。（筆者も2回ほど参加した。）しかし、残念ながら、日本では少々、いや、かなり遅れ気味である。最近、日本でもやっと法と言語学会が設立されたが、大学や大学院でこの分野を体系的に学べるところは皆無であるし、研究者の数もまだまだ少ない。とはいえ、海外でもここ2、30年で一気に活性化した分野であるので、我が国での発展もこれからに期待したいが、このような点からも、我が国での法とことばの問題への関心の薄さがわかるだろう。

欧米の法律家たちは、もともとあうんの呼吸や含意・含蓄よりもことばに出して表現することを重要視し、ことばによるコミュニケーションを通じて人間関係を構築していく文化や国民性を反映してか、ことばのチカラの大切さをわかっている人が多い。だからこそ、ことばのより精密な分析の必要性を認識しており、言語学者を裁判で非常によく利用する。ことばが関わってくる事件では、やはりことばの専門家である言語学者が一番だと考えているのだろう。言語学者に証拠の鑑定を頼んで、鑑定書類を作ってもらい、それを証拠として用いる場合と、言語学者そのものを専門家証人（expert witness、日本では鑑定人）として法廷に呼んで証言してもらう場合とがある。

どれぐらいよく用いられるかと言うと、正確な統計的数字は出せないが、著名な言語学者であれば、最低でも1度や2度はこういう分析を何らかの形で依頼されたことがある、といった感じであろう。こういった分析に必要なのは、言語と法の専門的知識ではなく、ことばの分析に関する専門的知識であるため、言語と法の専門家である必要はなく、普通の言語学者でよいため、そこら中の言語学者が借り出されるわけである。筆者のアメリカの大学院時代の恩師も、言語と法の専門家ではなかったが、著名な言語学者であったので、年に2、3件の割合でそういう仕事を引き受けると言っていた。また大きな弁護士事務所になると、言語学の専門家を置いているところもあると言う。一方、日本では、言語学者が法廷に呼ばれたケースは、筆者が調べた限りでは片手で足りるほどしかない。こういった点からも、日本の現状がどれだけ英米に比べて遅れていることがおわかりになるであろう。日本ももっと言語学者に証拠となることばの分析を手伝わせるべきだろう。また、日本ではこういった分野を専門的に研究する言語学者もまだまだ少ないことも、言語学の知見の有用性がなかなか知ってもらえない原因であろう。

2 法とことば――言語分析の証拠分析への応用例――

法とことばの問題と言うと、普通、最初に思いつくのが、法律の条文、契約書等の文言等の法の世界で用いられることばの難しさの話だろう。法律の条文はことばで書かれており、そのことばの解釈によって裁判結果が左右されるわけだし、契約は書面にせよ口頭にせよ、ことばによって成り立つため、そのことばの意味するところをめぐって争いが起きるわけである。次に思いつくのは、おそらく、取調段階や法廷での通訳の問題だろう。これだけ海外旅行が身近なものとなり、外国人もさまざまな目的で日本に沢山入ってくるような時代になったが、このように異国・異文化との接触が増えると、当然、ことばの壁の問題がさまざまなところで出てくる。法に関わる場面も例外ではない。一九九二年に起こったメルボルン事件という事件をご存知だろうか。7人の日本人観光客がオーストラリアに行く途中、マレーシアのクアラルンプールに寄ったところ、食事中にスーツケースが盗まれ、壊されて発見された。そして、代わりに用意されたスーツケースを持ってオーストラリアに向かったところ、その代わりに渡されたスーツケースの中にヘロインが仕込まれており、メルボルン空港でそのヘロインが発見された。その観光客らは逮捕され、そのうち5人が裁判でも有罪（一審では、1番重い刑で、25年の懲役刑を宣告されたそうだ。）になってしまったという痛ましい事件である。この事件では、通訳の質が問題だったと言われている。まずは空港での取調において、まったく刑事司法の知識のない観光ガイドの通訳人に通訳をさせ、警察署の取調でも、通訳は非常に神経を集中させる作業であるため、疲労による通訳精度低下を避けるため長時間の連続作業は避けるべきであるのにも関わらず、1人の通訳人に長時間通訳をさせたりした。ほかにもいろいろと問題はあったがここでは特に踏み込まないでおく。重要なのは、こういったことばの問題が大きな要因となって、無実の日本人観光客が犯罪者と判断されてしまったことである。

これくらいは、たとえ法言語学の専門家でなくても思いつく類の法とことばの問題だろう。しかし、法とことばの問題は、これだけに留まらない。ことばをどう使うかで成立する犯罪も沢山ある。法言語学の父と呼ばれるロジャー・シャイは、そのような犯罪を「ことばの犯罪（language crimes）」（Shuy 1991）と呼んだ。例えば、脅迫は、通常、ことばを使って行われる。「〜しないと〜だぞ」のような脅し文句で、相手に自分のして欲しい行為をさせるわけである。同様に、名誉毀損も、誹謗中傷、悪口やデマといった「ことば」による攻撃で他人を傷つけることによって成り立つ。詐欺や文書偽造なんかも、当然ことばが関わっているし、歌や詩歌や小説の盗作・剽窃なんかはことばを使った犯罪の代表格だ。また、共謀や贈収賄なんかもことばをどう使うかで犯罪かどうかが決まる例だ。こうやって改めて考えてみると、ことばを使うことで成立する犯罪がどれだけたくさんあるかがわかるだろう。このような犯罪の場合、法的判断を下すものは、被疑者が違法な要素となりうる発言を行ったかどうか、また、問題の発言をどのような意図のもとに行ったかということを判断しなければならない。

また、心理学系では、第一章で見たようなことばが裁判官や陪審員、裁判員といった事実認定者、そして証人に与える影響に関する研究がたくさんある。ことばの使い方1つで、証人の記憶が歪められてしまったり、事実認定者の判断が変わってしまったりするのはすでに見たとおりだ。

このようにことばは意外にも法の中で大きな役割を演じているのだが、裁判官にしろ陪審員にしろ、判断を下す者は、言語学的な知識や訓練を有せず、主観的な自己の言語経験のみに頼って判断することが多いために、しばしば重要な点に気付かないことがある (Tiersma 1993)。したがって、ことばを客観的、統計的、科学的に分析する訓練を受けた言語学者たちの専門知識、技能を利用することによって、より正確な言語現象の把握が可能になる場合がある。これから、そのような例をいくつか見ていく。

2・1 ことばの犯罪

ここでは、ロジャー・シャイ・ジョージタウン大学名誉教授が「ことばの犯罪」と名付けた、ことばを使うことで成立する犯罪についての言語学の分析を紹介する。

まずは、比較的初歩的な言語学の知識の応用例として、エレン・プリンス教授 (Prince 1990) が関わった事件を見てみよう。FBIは、個人間の会話を秘密で録音し、証拠として用いることがあるが、正しく記録されていても、言語の専門家ではないために、ときとして間違った分析が行われることがある。下の会話は、とある殺人事件においてDが共犯であるということを証明するために用いられた証拠である。

T: And then we killed that [X].
（「そして俺たちはそのXを殺したわけだ。」）
D: Yeah.
（「うん。」）
T: He wanted to have me killed, you know.
（「アイツは俺を殺したがっていたんだぜ。」）
D: Yeah.
（「うん。」）
T: Yeah, [Y]– You know.
（「うん、だよな。」）
D: Yeah.
（「うん。」）

T: And uh I still got that against him.
（「それで、えっと、俺はいまだにアイツに対してムカついてる。」）

この会話でDがTに対する最初の質問に"Yeah."と答えていることを理由に、Dは殺人の共犯だとされた。確かに、パッと見たところその主張は正しいように見える。しかし、プリンスは、この証拠の鑑定において、「言語学的にはこの分析は不正確で、十分な根拠になりえない。」と主張した。

ここで考えていただきたい。この会話が証拠として提出された際、どれだけの人がこの証拠の（ことばに関する部分のみでの）証明力のなさに気付くであろうか。プリンスによれば、実はこの会話は、話者の意図が2つの点であいまいであると言う。第1に、yeahという返事には、相手の言っていることを肯定しているという意味以外に、会話をスムーズに進行させるために聞き手が相手の言っていることを理解していますという合図を送る「相槌」の役割がある。この会話でも、Tの発言に対するDの返事は、必ずしも「TとDが共謀して一緒にその男を殺した」という意味になるわけではなく、単なる相槌の意味で発された可能性がある。前者の解釈では、Dは殺人に手を貸しており、後者の解釈では、Dは手を貸していないことになるので、この違いは非常に重要である。

第2に、普段はあまり意識しないが、実はweということばには2種類の意味がある。1つは、

weが話し手と聞き手を指している場合（例：We should get going now.「我々はそろそろ出発した方が良さそうですね。」と聞き手に話し掛ける場合。）である。もう1つは、weが話し手と（聞き手以外の）第3者を指している場合（例：We hope you can come tonight.「私たちは、あなたが今夜来てくれるといいなと思っています。」と聞き手に話し掛ける場合）である。後者の場合、聞き手は含まれないのである。この違いが、上の会話のような場合には大きな差を生む。Tの発言は、「TとDでXを殺した。」とも、「TとD以外の誰か他の人とでXを殺した。」とも解釈できるわけである。この場合も先の場合と同様、前者の解釈ではDは共犯になり、後者の解釈ではDは殺人には無関係である。1つ目の理由では、Dの返事が両義的で、2つ目の理由では、Tの発言が両義的なのである。二重に両義的であるため、FBIの主張が正しい確率は、単純計算で4分の1まで下がる。

このような一見、当たり前のことを言っているような分析でさえも、気が付くと気が付かないとでは大きな違いがある。はたして裁判に関わる者たちが、常にこのようなことばに隠された情報を見落としていないと言い切れるだろうか。幸いにも言語学者はこういう何気ないことばの意味を見出す感覚に優れている。また、こういったことばの使い方には、学校教育で教わる分析知識ではカバーし切れていない部分もある。やはり言語学者によるこのような分析が、証拠を考えていく際に有効であるのだから、もっと言語学者が裁判で利用されるべきであろう。

次に、ピーター・ティアースマ（Peter Tiersma）ロヨラ大学ロースクール教授が紹介している偽証罪の裁判の例（Tiersma 1990）を見てみたい。この事件の被告人の Samuel Bronston 氏は、自身の所有する会社の破産申請についての聴聞会で、債権者の代理人（弁護士）と以下のやりとりを行った。

Creditor: Do you have any bank accounts in Swiss banks, Mr. Bronston?
（「ブロンストンさん、スイスの銀行に口座を持っていますか？」）
Bronston: No, sir.
（「いいえ、持っていません。」）
Creditor: Have you ever?
（「今まで持ったことは？」）
Bronston: The company had an account there for about six months, in Zurich.
（「会社がチューリッヒに六カ月くらい口座を持っていました。」）

事実としては、Bronston は、スイスの銀行に5年間にわたって個人的な口座を持っていた。確かに、Bronston がこのやりとりの中で述べていることはすべて真実である。嘘は言っていない。しかし、Bronston は銀行口座を持っていないということを暗に示そうとしたとして、偽証罪で審理にかけられた。第一審と第二審と共に Bronston は有罪となったが、連邦最高裁では、裁判官の全員一致で無罪となった。

裁判所の判断が正しいのかどうかは賛否両論があるだろうが、言語学として大事なのは、発話が真実かどうかは、話し手の意図だけでなく、聞き手にしてもらいたい解釈にも依存するということである。形式を取るか、意図をとるか、どちらの立場を取るべきかを決めるのは難しいが、形式を取れば、Bronston の事件の最高裁のような判断にならざるを得ないし、意図を取れば、真実を話している証人までも偽証罪にしたててしまう可能性も出てくる。

以上、ごく簡単にことばの犯罪についての言語学的分析を紹介した。日本では、言語学者がことばの犯罪で鑑定を行うことは非常に少ないが、判例をつぶさにあたっていけば、日本の事件でも必ず言語学鑑定が可能な例もあるはずである。関心のある読者は、そういった事件での証拠に関して（実際の裁判で分析結果を利用してもらうかどうかは別にして）個人的に調査対象として考察を進めていくことは不可能ではないので、ぜひトライしていただきたい。

2・2　商標の分析への応用

次に商標の類否（商標が消費者が同一商品あるいは関連商品と間違えるほどに似ているかどうか）に関して言語分析が用いられた例として、ロジャー・シャイ（Roger Shuy）教授が関わった一九九一年の *ConAgra Inc. v. Hormell & Company* の事件（Shuy 2002）を見てみよう。ネブラスカ州の

Conagra社は、Healthy Choiceという製品を販売していたが、ミネソタ州のHormell社のHealth Selectionsという製品が、意図的なConAgra社の製品名の模倣であり、出所の混同を招くということで訴訟を起こした。確かに一見、この2者は意味的にも、構造的にも類似しているように思われる。商標の類否は、一般的に音の類否、意味の類否、語(句)の構造の類否、視覚的類否、一般性(どれだけ商標に用いられている語が一般的なものであるか。一般的であれば、商標的価値は低いと見られる。)などで判断されるが、言語学の分析がどれだけ類否の分析に役立つのだろうか。まずは、一般的な知識で分析し得る部分から、これらの商標の文法、語構造を比較してみたい。

"Healthy Choice" = 形容詞 + 名詞
"Health Selections" = 名詞 + 名詞

ご覧のように、品詞の面からだけ言えば、2つの商標の違いは、最初にくる単語の品詞が形容詞か名詞かという違いであるから、単純計算で、品詞的には類似度は50%と言える。この程度の分析であれば、一般知識のレベルで可能である。しかし、これだけでは決定打にならない。

次に音声の面を比較してみる。まず、これらの単語を発音記号に直してみる。Healthy Choiceは9音[hɛlθi tʃɔɪs]からなり、Health Selectionsは13音[hɛlθ səlɛkʃənz]からなる。音素(=子音、母音等の個々の音。厳密に言えば、意味を区別する基準となる音の最小単位。例えば、/me/「目」と/te/「手」という対比において、/m/と/t/は意味を区別し得る最小の単位である。）の数が違うため、単純に比較は不可能だが、13音のうち、9音が違うという分析、すなわち約69%が相違しているという主張も可能だろう。ここまでは比較的一般的な言語学的分析であり、日本の商標類否の分析でも多少は用いられている手法である。しかし、言語学独特の手法を用いてこれらの単語を詳細に分析すると、さらなる違いが明らかになる。実は同じ音でも、表れる場所によって音の質が変わる。例えば、tight /táit/という単語には、語頭と語末に同じ/t/という音が含まれるが、実際に発音された場合、この2つの音の発音は異なる。語頭の/t/は強く発音され、語末の音は往々にして聞こえないほどに弱く発音される。（音の詳かい違いを述べるとキリがないのでここでは割愛する。）音素というのは脳の中の辞書に表れる音の形で、実際の発音のときのさまざまな音の変化を取り除いた抽象的な形で、その発音する場所（調音点）、発音の仕方（調音法）、有声・無声の区別などから詳細に区分した弁別素性（distinctive features）という特徴の束によって構成される。弁別素性は、人間が音を生成・認識するために利用していると考えられる特徴である。それぞれの弁別素性は正負（±）の値を持ち、その組み合わせで音素は特徴付けられる。簡単に言えば、各音素は多数の弁別素性（音の発音的・音波的特徴）をもち、それらの弁別素性の正負の値をどのような組み合わせで持つかということによって、他の音と区別されるということである。このような精密な音声分析によれば、問題の商標は228の音韻的特徴に分けられ、そのうち89%が両者の間で相違しているのである。人間が音を区別するときに利用している弁別素性においてこれだけ違うということは、聞いた人間は音的にはあまり似ていないと捉えるということである。

意味の比較も考えてみよう。意味の類似度のテストは、同義語として相互に代替が可能かどうかということで確かめられる。

1. a. The choice is yours.（行為者：聞き手）
b. The selection is yours.（行為者：聞き手以外）

これらの対比において、1a文のchoiceという語は、「選ぶ」という行為が聞き手によって行われるということを含意するのに対し、1b文のselectionという語は、「選ぶ」という行為は聞き手以外の何者かによって行われたということを含意する。問題の商標の対比、Healthy ChoiceとHealth Selectionsにおいても同様の意味的違いが存在する。前者は、「あなた（消費者）が選ぶ健康に良い食品」であるのに対し、後者は「私たち（製造者）が選んだ健康的な食品」というニュアンスになる。choiceとselectionは、さらなる意味の違いがある。次の文を比較されたい。

2. a. It's your choice: Clean your room or be grounded.
b. The choice between good and evil.
c. Fielder's choice（野球用語：ある塁よりも別の塁へ送球すること）

selection は choice よりも多くの選択肢の存在が含意されている。したがって、主に2者の選択を含意するこれらの文において、choice を selection に置き換えることはできない。意味上の違いから矛盾が起きるからである。つまり、choice と selection は同義語ではないのである。

以上、Healthy Choice と Health Selections の違いを見てきたが、これらがこの裁判で用いられた言語学的分析の全てではない。実際には、原告側にも言語学者が専門家証人として参加していたため、さらに多くの言語学的見地にもとづく証拠が争われた。ここでは紹介しなかったが、シャイ教授はデータベースを使って、一般的にどれくらいの頻度でこれらの語が用いられているかを示すことなども行っている。類似商標の訴訟において、語や表現の一般性は非常に重要な要素となる。一般的であればあるほど、商標の機能・価値が薄れると見なされるためである。データベースを使った分析は、法言語学では商標に関する紛争以外でも頻繁に用いられる手法である。

結局、この事件では原告側の言語学者の分析よりもシャイ教授の議論の方が説得力が高いと評価され、裁判結果も一審では類似性は認められずに原告 ConAgra 側は敗訴した。ConAgra 側は控訴するも、高裁は棄却、一審の判決を支持した。Hormell社側は勝訴したものの、最終的にこの製品の生産を中止、同コンセプトにもとづく製品を別名で発売した。

ここで示された違いの多くは、辞書には記載されていないものであるし、辞書だけを頼りにしていては導き出せないものである。言語学は、このような違いを明らかにしていくさまざまな術を持っている。この分析が事実認定、または事実認定者の心証にどう影響するかに関してはさまざまな見解があるであろうが、少なくとも事実認定者がこれらのことばに関し、言語上の差異を本質的に見極める上で、「助け」になることは疑いないであろう。

2・3 方言学の応用

最後に、社会言語学、特に方言を研究する方言学が裁判で用いられた例をごく簡単に見てみる。ここでは、日本で言語学者が裁判において言語分析に関わった例も紹介する。

人間は、発音や語彙などさまざまな言語的特徴において、生まれ育った環境、生活する環境、社会階級、教育、文化等が大きく反映される。そうすると、人間は皆、全く同一の環境で育っている者はいないわけであるから、厳密には誰一人として同じことばを話していないことになる。すなわち、一人一人が別々のことばを話しているのである。この各個人の使用することばを個人方言、または個人語と呼ぶ。これらは意識的に変えようと思っても、そう簡単には変えられない。音声学的な特徴はさらに証拠として強力である。たとえ語彙や発音の面で多少変えることができても、声紋までではなかなか変えられない。声紋は、ときとして話者の生まれつきの発音器官の特徴まで反映するが、一般的に発音器官まで変えることは困難であろう。このような方言学と音声学を組み合わせた言語分析は、人物の異同識別、プロファイリングに応用され、犯罪捜査や裁判に用いられている。

例えば、ウィリアム・ラボフ（William Labov）教授の報告（Labov 1988）の、かつてアメリカ西海岸のカリフォルニア州で起きたPAN AMERICAN航空爆弾脅迫事件における分析事例を紹介しよう。この事件で、脅迫電話の犯人の声や話し方が、以前その航空会社で働いていたニューヨーク州出身の者に似ているということで、その元社員の男性が容疑をかけられ、逮捕された。確かに脅迫電話の声の主も、逮捕された男も東部方言の話者ではあったが、裁判において弁護側は、音声学を専門とする言語学者のサンドラ・ディズナー（Sandra Disner）とピーター・ラディフォギッド（Peter Ladefoged）に声紋分析を行わせ、また方言学を専門とする言語学者のラボフに、脅迫電話の主は同じ東部方言でも、ボストン地方特有の方言を話す話者であり、典型的なニューヨーク市の方言の話者である被告人とは別人物の可能性が高いということを、具体的・科学的に証明させたという例がある。

日本での言語学者が裁判に登場した数少ない例もこの類の分析である。正確なことばのやりとりが掲載できないのは残念であるが、方言学の応用例として紹介する。

事件を簡単に説明すると、革命的共産主義者同盟全国委員会（中核派）の構成員である被告人が、千葉県収用委員会委員である被害者Aさんに、本人およびその妻に対して電話で話し、そこでの会話を通じて、Aさんがその職をやめなければAさんの生命や身体等にどんな危害が加わるかわからないというようなことを述べて、その職を辞するように脅迫したかどうかを争った裁判である（千葉地判平成3・3・29判時1384号141頁）。これは、典型的なことばの犯罪である。この事件では、脅迫電話の音声を録音したカセットテープと捜索差押時の被告人の音声を録音したカセットテープから多数のことばを抽出して比較した。結果、その各カセットテープに収録されている音声は、アクセントやガ行鼻濁音「ŋ」（例えば、「鏡」「たまご」のガやゴのようなガ行の音を発音するときに、「ンが」「ンご」のように少々鼻にかかった発音）などの点で共通点が極めて大きいことから、脅迫電話の主と被告人が、同一方言を話す地域の出身者である可能性が高いという鑑定結果になった。カセットテープから抽出された特徴的な発音の地域は、京都・大阪を中心とした近畿の大部分および四国の一部で話される「甲種アクセント」と呼ばれる地域、北関東から南東北および九州中央部や八丈島や奄美・沖縄の一部などに見られる「無型アクセント」と呼ばれる地域、「東京アクセント（狭義）」地域、および鼻濁音地域を除く地域で、さらに語中・語尾のガ行鼻濁音「g」と「ŋ」は両方の形が用いられている地域である可能性が高く、これらを総合して考えた場合に、脅迫電話の主の出身地域は、新潟県中部及び南部（佐渡島を含む）、群馬県、埼玉県、千葉県南部及び愛知県である可能性が高いが、兵庫県北部、鳥取県東部、岡山県東部についてもその可能性を否定し難いと鑑定された。そして、言語形成期を新潟県の佐渡島及び新潟市で生活していた被告人は、同地域のアクセントを身につけていると認められ、この鑑定結果と一致すると裁判所に判断された。

ここで興味深いのは、アクセントや発音の特徴の組み合わせによって、話者の地域を特定できていることである。どちらか1つだけでは、かなり広い範囲になってしまうだろう。2つ以上の特徴を組み合わせることによって、話者の地域を絞り込んでいけるのである。イギリスでも、ある地域と隣接する別の地域の発音を併せ持つ犯人の方言的特徴から、犯人の出身地域を両地域がちょうどぶつかりあうあたりと絞り込み、そこを中心に捜査した結果犯人が捕まった事例がある。

日本の判例データベースに出てくるもう1つの事件も、脅迫電話の事件（千葉地判平成2・7・26判タ737号62頁）である。革命的共産主義者同盟全国委員会（中核派）の構成員であるもう1人の被告人に関する同様の方言分析の例である。ここでは立ち入らないが、こちらの方がさらに詳細な言語分析がなされている。興味のある方は、判例データベースなどを調べてみるといいだろう。

筆者が調べた限り、日本で言語学者が証人として鑑定を行ったのは、音声学と方言学の専門家のみであるが、本節の英米での事例を見たように、実は他の言語学の諸分野の分析手法も応用可能である。日本で言語学鑑定が用いられていない理由は、言語学と言う分野が知られていないこと、そして言語学が法というコンテキストでの言語使用の分析に応用可能だということが知られていないことに他ならない。言語学は、まだまだ認知度の低い分野である。近い将来、言語学者がより多くの裁判で鑑定に利用されるようになることを切に願う。

3 まとめ

以上、いくつかの言語分析が裁判に応用された事例を簡単に見てきた。本節は分野の紹介にとどめるために、できるだけ簡潔な一般的にも理解しやすい部分の説明に絞った。したがって、科学としての言語学の一面を十分に引き出せなかったかもしれない。しかし、言語分析の専門家を裁判に応用する有効性の一端は理解していただけたのではないかと思う。

何度も繰り返し述べたように北米では多くの言語学者が専門家証人として法廷に出廷したり、言語学者の分析を法律家たちが採用したりする傾向が強まっている。また、大きな法律事務所の中にはこの分野の専門家を置いているところもあると聞く。日本ではまだまだ言語学者の専門的知識や分析が法の世界に生かされることは少ない。言語学が一般的にはまだあまり科学として認識されていないのもその大きな理由の1つであろう。加えて、日本では言語と法、法言語学という分野がほとんど知られていないし、発展していないのも原因であろう。この現状を改善するためにも、言語学者が言語学を「科学」の一分野として一般の人々に認識してもらえるように、実社会により明確な形で貢献できるように弛まない努力を続けていかなければならないだろう。

また、法律家たちと言語学者の歩みよりを実現することも現状を変えるためには大切である。日本では、学問上、そして法実務上でも法律の専門家と言語学者との接点がそれほどないように思われる。確かに、日本は制度や慣習的に社会科学の専門家たちを鑑定人として利用しにくいという事情もあるが、より公正な裁判を行うために、また学術的・社会的発展のためには、さまざまな社会科学の専門家たちによる経験的な実験、調査、研究、洞察を取り入れることが望ましい。

言語と法という分野は、表面上の学際色の豊かさだけでなく、その研究領域、方法論、視点、研究目的なども多様性に富み、この研究の将来的な関連分野の拡張、発展の可能性を大いに感じさせる。ここで紹介した例はほんのわずかだが、多種多様・複雑な裁判における言語の問題に対処していくために、法律関係者にとってもこの分野の研究に目を向けることは非常に有意義であることは明らかであろう。また、法学教育においても、この度の司法制度改革の中で法曹に「幅広い教養と専門的知識」、「社会や人間関係に対する洞察力」を養うことが理想として掲げられていることから鑑みても、このような「言語と法」に関する知識を学べる機会を取り入れていくことは、決して無益なことではないだろう。本書が、法と言語という分野をより多くの人々に知ってもらえるきっかけとなれば幸いである。

また、裁判員制度の導入によって、市民が裁判に参加することになり、いままで法律家独自の言語体系で動いていた裁判という世界に、私たち市民の普通の言語体系がどんどん入り込んでいくことになる。したがって、言語学者でなくとも、そういった普通のことばをより正確に分析する目を養うことは、公平な裁判運営、そして真の社会正義の実現のためにも必要になってくる。本書をきっかけに、より多くの人が法とことばの問題に関心を持ってくださるようになったなら、筆者としてこの上ない幸せである。

あとがき

本書では法と言語の研究について裁判という場面における言語使用を中心にさまざまな角度から見てきたが、どうお感じになっただろうか。興味を持った読者、逆に興味を失った読者もいるであろうが、本書が扱ったのは法と言語研究のごく一部に過ぎない。しかも、筆者の関心の深い部分だけを取り上げたので、かなり偏ったものと言える。これに懲りず、今後も法と言語に関するさまざまな文献に目を通していただければと思う。

裁判員制度が果たして成功するかどうかは筆者は全く予想がつかない。しかし、とある弁護士が言っていたが、裁判員制度が導入されることでもたらされた改革（可視化やさまざまな手続に関する改革）は、司法制度全体にとってはきっと吉と出るものになるだろう。また、これもとある検察官が筆者に語ってくれたことだが、裁判員制度が導入されて市民が刑事裁判に関するさまざまな事柄がわかることで、治安が変わることが期待されている。例えば、市民が裁判員裁判で証拠の種類や認定方法を学ぶことで、「こういう情報が判断に役立つんだ」ということがわかれば、自分がそのような情報を入手したときに捜査機関に提供しようという気持ちが芽生えたり、犯行手段等を知ることで、そうならないように自己防衛が強化されることが期待されると言うのだ。つまり、この改革によって、裁判だけではなく、私たちの普段の生活にも変革がもたらせるのではないかというのだ。

本書はことばを軸にして裁判を見てきたため、こういう部分には触れなかったが、こういったさまざまな視点から裁判員制度を考えていくのは非常に重要なことだろう。筆者は、裁判員制度に対して極端な推進派でもなければ否定派でもないが、導入することになったからには成功して欲しいと願うし、言語学という立場からなんらかの貢献が可能なのであれば、協力は厭わない。

言語学という分野も、悪く言えば、これまでは社会への還元や他の分野との知見の交換を視野にいれずに、独自の枠組みでことばの不思議だけを追究するマニアックな世界の学問という側面が強かったと、学者としてのスタートを理論言語学者として切って、今も数年に1度は理論言語学の論文を書いている筆者は切に感じている。無論、そのような取り組み自体を否定するつもりではなく、そういった学問をしている人々に、もっとその知見と洞察を法の世界でも政治の世界でも社会学の世界でもいいので他分野に積極的に活用して欲しい。筆者の大学院時代の指導教員は、理論言語学畑の人であったが、やはり年に何件かは事件の分析を依頼されると言っていた。

法と言語という分野は、法律家たちにも言語学的分析という新しい視座を提供するだけでなく、言語学自体にも、法という特殊なコンテキストにおける言語使用を分析することによって、これまで見えてこなかったような言語の側面を多々見せてくれることだろう。この本の出版をきっかけに、より多くの人間がこの分野の研究に関心を持ってもらえれば幸いである。

表３　全国の評議における参加者の発話量（中央値）

発言者	発言回数	発言比率	発語数	発話比率	発語数／発言数
裁判長	211 回	38.1%	9159 語	28.4%	45.1 語
陪席裁判官	42 回	6.6%	1947 語	6.00%	56.7 語
裁判員	41 回	6.7%	2014 語	7.10%	41.0 語
男性裁判員	38 回	6.9%	2071 語	7.52%	46 語
女性裁判員	41 回	6.6%	1469 語	6.50%	40.1 語

＊ p.58 表 1 の補足データ

謝辞

本書の刊行にあたり、本当に数えきれないくらい多くの方々にお世話になった。本書の刊行をご快諾下さったひつじ書房の、松本功社長にまずお礼を申し上げる。そして、裁判員制度導入を目前に控え、かなり急ピッチで書き上げた原稿だったために、ことば足らずの部分、誤字・脱字、表記の揺れなど数えきれないほどの不備だらけだったにも関わらず、丁寧に通読・チェックをしてくださり、根気強く最後までお付き合いくださったひつじ書房の細間理美さんを始めとしたスタッフの方々にも感謝したい。また、第二章に用いた多くの模擬評議のデータを提供してくださり、筆者のような駆け出しの研究者を外部学識委員として模擬裁判の分析のお手伝いをさせてくださった日本弁護士連合会裁判員裁判実施本部および地方単位弁護士会の方々、裁判所の方々、テレビ局の方々などにもお礼を申し上げたい。また、筆者の研究活動全般を通してさまざまな形でご協力・ご指導・ご助言くださった中山博之弁護士、西村健弁護士、秋田真志弁護士、川津博史弁護士、溝内有香弁護士、辻孝司弁護士、遠山大輔弁護士、小原健一弁護士、山﨑浩一弁護士、古川美和弁護士等の実務家の先生方、そして東京大学の玉井克哉先生とノースウェスタン大学名誉教授のジュディス・リーヴィ名誉教授にも感謝の意を表する。そして、本書の大きな柱でもある第二章で紹介した研究の共同研究者であり、公私にわたってご厚誼いただいている政策研究院大学の藤田政博准教授、および同章の分析の一部をやはり共同でさせていただいた桃山学院大学の橋内武教授、早稲田大学の首藤佐智子准教授に感謝申し上げる。加えて、立命館大学の中村純作教授にはコーパス分析の部分でひとかたならぬお世話をいただいた。第二章のもとになっているこれらの研究者との論文の出典は、この後にまとめて掲載してある。また、裁判員制度の研究を一緒のチームでさせていただいている千葉大学の松村良之教授、東京大学の太田勝三教授、ダニエル・フット教授、同志社大学の木下麻奈子教授、また認知科学と法学の融合という枠組みで研究を一緒にさせていただいている立命館大学の指宿信教授とサトウタツヤ教授にも感謝の意を表したい。本書の中で使われている非常にフレンドリーなイラストを書いてくれた山田智大さんと堀部友香さんにもお礼を申し上げたい。またここには書き切れないがさまざまな形で筆者(ら)の研究を支援してくださった学部生、院生、そして法と心理学会や日本法社会学会、そして法と言語学会の方々に心から感謝申し上げたい。

第二章の元になっている文献・発表

藤田政博・堀田秀吾（2007）．「模擬評議の分析その１／コミュニケーション・ネットワークの観点から」季刊刑事弁護52号53－57頁

堀田秀吾（2009）．「評議についての計量言語学的分析」岡田悦典・藤田政博・仲真紀子編『裁判員制度と法心理学』至文堂 160–173頁．

堀田秀吾・藤田政博（2007）．「模擬評議の分析その２／計量言語学の観点から」季刊刑事弁護52号58－61頁．

堀田秀吾・藤田政博・中村純作（2008）．「裁判官が裁判員の参加形態・意見形成に影響を与える発話の分析」法と心理学会第９回大会（於．南山大学）における口頭発表．

堀田秀吾・橋内武・藤田政博（2008）．「模擬評議の言語学的分析：発話の力から見た模擬評議」日本語用論学会第10会大会発表論集　161–168頁．

堀田秀吾・首藤佐智子（準備中）．「評議における裁判官による言語行為」日本語用論学会第11会大会発表論集．

参考文献

Austin, J. L.（1962）. *How to Do Things With Words*. Cambridge, Massachusetts: Harvard University Press.

Bernstein, Basil（1971）. *Class, Codes and Control: Theoretical Studies Towards a Sociology of Language*. London: Routledge & Kegan Paul.

Brown, Penelope and Stephen. C. Levinson（1978）. *Politeness : Some universals in language usage*. Cambridge: Cambridge University Press.

Chomsky, Noam（1979）. *Language and Responsibility*. New York: Pantheon.

Cialdini, Robert D. (2001). *Influence: Science and Practice.* Needham Heights, MA: Allyn and Bacon.

Danet, Brenda (1980). Language in the Legal Process. *Law and Society Review* Vol. 14, No. 3, 445–564.

Deutsch, Morton and Harold B. Gerard (1955). A study of normative and informational social influence upon individual judgment. *Journal of Abnormal and Social Psychology*, 51, 629–639.

Diamond, Shari Seidman and Judith N. Levi (1996). Improving decisions on death by revising and testing jury instructions. *Judicature* Vol. 79, No. 5, 224–232.

Fairclough, Norman (2001[1989]). *Language and Power*. London: Longman.

藤田政博（2009）．「「論点主導型」─裁判員制度に見られる参審型評議特有の評議スタイルについて」岡田悦典、藤田政博、仲真紀子、共編『裁判員制度と法心理学』至文堂、185–195 頁．

福井直樹（2001）．『自然科学としての言語学』大修館書店．

Gibbons, John. (2003). *Forensic Linguistics: An Introduction to Language in the Justice System*, Malden (MA), Oxford, Melbourne and Berlin: Blackwell.

Grice, H. Paul (1975). Logic and conversation. In Cole and Morgan, (eds.), *Syntax and Semantics*, 3: *Speech Acts*. New York: Academic Press.

郡司隆男（2004）．「言語科学の提唱」、松本裕治、今井邦彦、田窪行則、橋田浩一、郡司隆男『言語の科学入門』岩波書店 第４章．

郡司隆男、坂本勉（1999）．『言語学の方法』岩波書店．

Harris, Richard. J. (1973). Answering questions containing marked and unmarked adjectives and adverbs. *Journal of Experimental Psychology*. 97, 399–401.

Hastie, Reid, Steven Penrod, and Nancy Pennington (1983). *Inside the Jury*. Cambridge: Harvard University Press

畠山雄二(2003)．『情報科学のための自然言語学入門』丸善．

畠山雄二(2004)．『英語の構造と移動現象：生成理論とその科学性』鳳書房．

堀田秀吾(2001)．「裁判と言語」立命館大学法学部創立百周年記念論集『ことば、文化、思想』39－63頁　言語と文化研究会．

堀田秀吾(2004)．「商標の言語学的分析モデルの一例：言語学的分析から何が見えるか?」立命館法学二〇〇四年第1号91－126頁．

堀田秀吾(2005)．「法言語学と科学性：科学としての言語分析の検証」『立命館法学』300号記念号439–452頁　立命館法学会．

堀田秀吾(2007)．「判決のゆくえを左右する言語分析」月刊『言語』二〇〇七年一二月号56－59頁　大修館書店．

Hotta, Syûgo and Masahiro Fujita (2007). The Psycholinguistic Foundation of Trademarks: An Experimental Study. *Proceedings of The 2nd European IAFL Conference on Forensic Linguistics/Language and the Law*, 173–178, Barcelona: Institut Universitari De Linguistica Aplicada, Universitat Pompeu Fabra.

今井芳昭(2006)．『依頼と説得の心理学—人を他者にどう影響を与えるか』サイエンス社．

伊藤雅光(2002)．『計量言語学入門』大修館書店．

小林道夫(1996)．『科学哲学』産業図書．

小林隆(1996)．「現代方言の特質」『方言の現在』明治書院．

Labov, William (1988). The judicial testing of linguistic theory. In Tannen, (ed.), *Linguistics in Context. Connecting Observation and Understanding*, 159–182 Norwood, NJ: Ablex.

Lakoff, Robin (1975). *Language and Woman's place*. New York: Harper and Row.

Levi, Judith N. (1986). Applications of Linguistics to the Language of Legal Interactions. In Bjarkman and Raskin, (eds.), *The Real-World Linguist: Linguistic Applications in the 1980s*, 230–265, Norwood, New Jersey: Ablex.

Levi, Judith N. (1990). The Study of Language in the Judicial Process. In Levi and Walker, (eds.), *Language in the Judicial Process*, 3–35., New York: Plenum Publishing Corporation.

Levi, Judith N. (1993). Evaluating Jury Comprehension of Illinois Capital-Sentencing Instructions. *American Speech* 68.1, 20–49.

Levi, Judith N. (1994). Language as Evidence: The Linguist as Expert Witness in North American Courts. *Forensic Linguistics: The International Journal of Speech, Language, and the Law*. Vol. 1. No. 1, 1–26, New York: Plenum Publishing Corporation.

Loftus, Elizabeth F. (1975). Leading questions and the eyewitness report. *Cognitive Psychology* 77, 560–72.

Loftus, Elizabeth F. (1979). *Eyewitness Testimony*. Cambridge, MA: Harvard University Press.

Loftus, Elizabeth F. and John C. Palmer (1974). Reconstruction of automobile destruction: An example of the interaction between language and memory. *Journal of Verbal Learning and Verbal Behavior* 13, 585–9.

Loftus, Elizabeth F. and Guido Zanni (1975). Eyewitness testimony: The influence of the wording of a question. *Bulletin of the Psychonomic Society* 5, 86–8.

McCawley, James D. (1985). Kuhnian paradigms as systems of markedness conventions. In Makkai and Melby, (eds.), *Linguistics and Philosophy: Studies in Honor of Rulon S. Wells*, Amsterdam: Benjamins, 23–43.

水野真木子(2006)．「ニック・ベイカー事件の英語通訳をめぐる諸問題」『季刊刑事弁護』46号 108–111頁．

大河原眞美（1998）．「法言語学の胎動」『法社会学の新地平』226–236頁日本法社会学会　有斐閣．

O'Barr, William（1982[1996]）. *Linguistic Evidence: Language, Power and Strategy in the Courtroom*, New York: Academic Press.

Okawara, Mami.（2006）. *A Linguistic Analysis of Some Japanese Trademark Cases*. doctoral dissertation, University of Sydney.

大河原眞美（2008）．『市民から見た裁判員裁判』明石書店．

Prince, Ellen F.（1990）. On the Use of Social Conversation as Evidence in a Court of Law. In Levi and Walker, (eds.), *Language in the Judicial Process*, 279–290, New York: Plenum Publishing Corporation.

榊博文（2002）．『説得と影響』プレーン出版．

Searle, J. R.（1979）. *Expression and Meaning: Studies in the Theory of Speech Acts*. Cambridge: Cambridge University Press.

Shuy, Roger W.（1993）. *Language Crimes: The Use and Abuse of Language Evidence in the Courtroom*. Oxford: Blackwell.

Shuy, Roger W.（2002）. *Linguistic Battles in Trademark Disputes*. London: Palgrave Macmillan.

Shuy, Roger W.（2005）. *Creating language crimes: How law enforcement uses（and misuses）language*. New York: Oxford University Press.

Solan, Lawrence M. and Peter M. Tiersma（2005）. *Speaking of Crime: The Language of Criminal Justice*. Chicago: The University of Chicago Press.

高野隆（2008）「裁判官はいつ事実を認定するのか」『法と心理』Vol. 7, No. 1, 19 – 22頁　日本評論社．

Tannen, Deborah（1990）. *You Just Don't Understand: Women and Men in Conversation*, New York: Morrow.

Tiersma, Peter. M.（1990）. The language of perjury: "literal truth," ambiguity, and the false statement requirement. *Southern California Law Review*, 63, 373–431.

Tiersma, Peter M. (1993). The Judge as Linguist. *Loyola of Los Angels Law Review*, Vol. 27: 269–283.
角田政芳・辰巳直彦（2000）『知的財産法』有斐閣.
Wardhaugh, Ronald (2006). *Introduction to Sociolinguistics*, (5th ed.), Cambridge: Blackwell.

【著者紹介】

堀田秀吾（ほった しゅうご）

明治大学法学部准教授

略歴：1999年、シカゴ大学大学院言語学科博士課程修了。2005年、ヨーク大学オズグッド・ホール・ロースクール修士課程修了。博士（言語学）。

専門：法言語学、理論言語学。

主な著書と論文：『コーパスと英語教育の接点』（共編 2008 松柏社）、「模擬評議についての計量言語学的分析」『裁判員裁判と法心理学』（2009 至文堂）、「判決のゆくえを左右する言語分析」『月刊言語』36（12）（2007 大修館書店）。

裁判とことばのチカラ　ことばでめぐる裁判員裁判

発行　2009年5月20日　初版1刷
定価　2000円＋税

発行者　松本 功
装丁者　上田真未
印刷所　株式会社ディグ
製本所　中條製本工場株式会社
発売所　株式会社 ひつじ書房
〒112-0011 東京都文京区千石2-1-2 大和ビル2F
Tel.03-5319-4916 Fax.03-5319-4917
郵便振替 00120-8-142852
toiawase@hituzi.co.jp　http://www.hituzi.co.jp

ISBN978-4-89476-448-4　C3080